养老保险的制度构建与政策研究

沈 远 ◎著

中国出版集团 | 全国百佳图书
中国民主法制出版社 | 出版单位

图书在版编目（CIP）数据

养老保险的制度构建与政策研究 / 沈远著. — 北京：中国民主法制出版社，2023.6
ISBN 978-7-5162-3242-2

Ⅰ.①养… Ⅱ.①沈… Ⅲ.①养老保险制度—研究—中国 Ⅳ.①F842.67

中国国家版本馆CIP数据核字（2023）第093945号

图书出品人：刘海涛
出版统筹：石　松
责任编辑：刘险涛　吴若楠

书　　名/养老保险的制度构建与政策研究
作　　者/沈　远 著
出版·发行/中国民主法制出版社
地址/北京市丰台区右安门外玉林里7号（100069）
电话/（010）63055259（总编室）　63058068　63057714（营销中心）
传真/（010）63055259
http://www.npcpub.com
E-mail:mzfz@npcpub.com
经销/新华书店
开本/16开　　　787毫米×1092毫米
印张/10.5　　　字数/170千字
版本/2023年8月第1版　　2023年8月第1次印刷
印刷/廊坊市源鹏印务有限公司

书号/978-7-5162-3242-2
定价/58.00元
出版声明/版权所有，侵权必究。

（如有缺页或倒装，本社负责退款）

前　言

　　人口老龄化是经济社会发展进步的产物，也是21世纪人类社会共同面临的重大课题。人口老龄化作为一种不可逆转的客观发展趋势，同全球化、城镇化、工业化一道成为重塑世界发展格局的基础性力量。21世纪上半叶，是我国建成富强、民主、文明、和谐的社会主义现代化国家，实现中华民族伟大复兴的重要时期，也是我国人口老龄化快速发展、老龄问题日益凸显的时期。快速发展的人口老龄化与经济体制转轨、社会结构转型、文化观念转变、利益结构调整相叠加，给我国发展带来的影响全面、持久而深刻，已经成为影响国计民生、民族兴衰和国家长治久安的重大战略性问题。

　　社会保障是社会安定的重要保证，社会养老保险又是社会保障的基础与重要组成部分。面对全球范围的人口老龄化趋势，如何养老已经成为今天人们不可回避的问题。人人能够享有基本的养老保险是我国社会全面发展战略的重要内容。基于人口老龄化程度加深和流动人口日益增加，未来如何通过顶层设计和优化制度推行我国统一养老保险制度，以体现更加公平的养老保险制度成为理论界迫切需要解决的重大问题。

　　本书主要讲述的养老保险的制度构建与政策。从社会保障的相关理论出发，阐述了养老保险的基本内容、养老保险制度的公平性理论体系。重点阐述了农村老年人的供需关系，以及居家养老的可行性与社会工作的融合发展。同时，本书也强调了养老的照护经费以及服务的制度构建，这两项是人们关注的焦点。最后通过养老保险的筹资理论与框架、基金平衡的界定以及基金支出绩效的评价标准等内容分析养老保险的实施与政策的执行，以保障现在老年人的生活水平以及健康需求。本书对完善养老保险制度研究具有十分重要的理论和现实意义。

　　由于种种原因，本书可能存在着许多不足。希望同行专家和学界朋友对本书中存在的不足甚至错误给予批评指正，以便作者在以后的研究工作中予以克服。

目 录

第一章 社会保障的相关理论 ... 1
第一节 有关公共管理与服务理论 ... 1
第二节 有关社会保障与福利理论 ... 14
第三节 有关需求及产业发展理论 ... 24

第二章 基本养老保险的基本内容 ... 39
第一节 基本养老保险制度概述 ... 39
第二节 居民基本养老保险 ... 51
第三节 城乡养老保险制度衔接 ... 66
第四节 机关事业单位工作人员基本养老保险 ... 71
第五节 补充养老保险：企业年金与职业年金 ... 89

第三章 养老保险制度公平性的理论分析 ... 98
第一节 养老保险制度及其公平性 ... 98
第二节 统一养老保险制度及其性质 ... 104
第三节 养老保险制度公平性分析的理论基础 ... 108
第四节 养老保险制度公平性实现的模式及其推进路径的框架分析 ... 121

第四章 农村老年人养老的供需关系 ... 131
第一节 农村老年人的健康水平 ... 131
第二节 农村的照料服务供需状况 ... 133
第三节 照料接受者与照料提供者的双重角色 ... 138

第五章 居家养老的发展出路与社会工作 145
第一节 居家养老的发展出路 145
第二节 社会工作的角色扮演 149
第三节 社会工作与居家养老的融合发展 158

参 考 文 献 160

第一章 社会保障的相关理论

第一节 有关公共管理与服务理论

养老服务作为一种产业，需有相关上下游产业链来牵引，其发展必有其政治、经济、文化等理论背景做支撑，有其管理与服务、社会保障及福利、需求及产业特点。

养老服务是合理配置公共资源，提升管理与服务效能的工程，其管理与服务发展有着理论背景。

一、新公共管理理论

新公共管理作为一种新的管理模式，由此延伸出管理主义、公共行政、企业型政府等，缘于20世纪50年代后传统行政管理模式的理论危机以及全球经济一体化日益提高带来的挑战，其政府公共部门借鉴私营部门有效的管理方法和优化的竞争机制，强调政府低成本运作，政府与公民社会协商与合作，能够有效解决公共问题，及时满足公民需求；同时能够建立统治性权力与自治性权力的有效互动机制，公共服务的质量和最终结果等，以最大限度实现顾客第一和消费者主权。该理论自20世纪80年代由英美两国提出以来，便迅速扩展到西方各国。

（一）主要代表

关于新公共管理理论，中、西方的学者见仁见智，主要有以下几类。

1. 胡德（Thomas Hood）

英国学者胡德在《一种普通的公共管理模式》一文中，第一次明确提出了"新公共管理"的概念。他归纳总结了新西兰、英国、澳大利亚等国家的改革经验教训，在此基础上提出了新公共理论的研究内容，从以下七个方面阐述了新公共理论的特征与内涵：第一，标准与绩效测量。应该设置具体可测评的目标，同时明确目标考核标准与测量方法。第二，职业化管理。在人才结构配置上，各司其职，专业人员进行实操，管理人员进行管理。第三，控制产出。强调资源利用后的结果，能够应用到业绩评估方面。第四，私人管理部门的风格。在实践过程中借鉴私营企业的风格，灵活用人，灵活嘉奖。第五，单位分散。细化公共领域的单位，将大单位按照产品单元分类，各自为财政拨款单元，各单元之间保持若即若离的距离。第六，竞争。公共领域应该朝着竞争激烈的方向发展。第七，纪律与节约。突出资源使用过程中的原则性和节约性。

2. 奥斯本（David Osborne）和盖布勒（Ted Gaebler）（美国）

20世纪C0年代，奥斯本和盖布勒发表了《改革政府——企业家精神如何改革着公共部门》，将公共行政理论推向了高潮，强调了"重塑政府"的十大原则：第一，催化作用型政府：负责掌舵，而不是划桨。第二，社区拥有型政府：负责授权，而不是服务。第三，竞争型政府：贯彻实施合理的竞争体制机制。第四，使命型政府：优化组织机构，摒弃照章办事。第五，效果型政府：拨款按照效果因素而不是投入因素。第六，驱动型政府：受顾客需求驱动，而不是官僚政治需求驱动。第七，事业型政府：追求收益，而不是浪费。第八，预见型政府：预防优于治疗。第九，分权型政府：强调参与协作，而不是等级制。第十，导向型政府：借助市场力量推动变革。

3. 世界经济与合作开发组织

世界经济与合作开发组织将新公共管理归纳为：转移权威，保证绩效、控制和责任制，发展竞争选择，提供灵活性，改善人力资源管理，优化信息技术，改善管制质量，加强中央指导职能八个方面。

4. 欧文·E. 休斯（Owen E. Hughes）（澳大利亚）

欧文·E. 休斯探究发现了公共管理的六大共性：第一，强调目标的实现和管理者负责制，这与传统行政模式相比有重大改变；第二，强调灵活性，组织、人事、任期等脱离官僚制；第三，强调绩效评估，根据组织人事目标，借助"三 E"(Economy, Effectiveness, Efficiency)构架绩效评估系统；第四，强调公共管理人员政治定位，应该具有政治色彩而不是中立；第五，强调分开掌舵与划桨；第六，强调减少政府职能的趋势，主要通过民营化和合同外包的方式。

C. 陈振明（中国）

陈振明研究了新公共管理的范式和纲领特征，主要体现在以下几个方面：第一，强调职业化管理；第二，项目预算和战略管理；第三，明确的绩效标准和绩效评估；第四，引入竞争机制；第五，采用私人部门的管理方式；第六，公共部门的分散化和小型化；第七，提供回应性服务；第八，转变管理者与政治家、公众的关系。[1]

（二）基本观点

新公共理论对西方发达资本主义国家政府改革起着指导作用，但是照搬了私企在技术与方法、原理方面的管理模式，这样导致公私领域都采用相同的管理哲学。首先，在管理宗旨上，新公共管理"让管理者来管理"的信条赋予管理合理的权限，可引进私营部门成功的商业实践，将资源集中到关键领域，运用弹性的用人制度和报酬制度，为国家复兴提供钥匙，能使公共部门提高运行效率实现良好的管理；其次，在管理方式上，新公共管理主张引入精细的专业化管理，对劳动力要素采用先进的信息技术、生产技术、组织技术来有效管理，可促进社会发展和经济持续增长；最后，在管理标的上，新公共管理认为管理的目的是服务，需多渠道合理界定组织目标，置身于激烈的竞争环境，采用平时评估的量化指标来进行绩效考核，实行绩效导向的资源配置制度，可保证有效降低成本、提升服务质量、保障组织高效运作，这就在管理的政策、目标、渠道等方面为养老服务带来契机，要求公共管理者需要树立顾客意识，对外部环境能够保持足够敏锐度，能正确处理好各部门之间、组织之间、媒体之间的复杂关系；同时需要拥有参与规章制度制定与修订的能力，促进市场化运行的良性发展。在养老服务方面，应用新公共管理理论，可进一步促进管理者、市场机构等职责明晰，提升政府的管理能力和改善政府的

---

[1] 朱海燕."公共行政与公共管理经典译丛"推出新作[J].中国行政管理,2016(第9期):160.

管理绩效，有效整合市场、家庭、社区的综合力量，运用各种手段，确保提供高品质的、充足的居家养老服务。

二、新公共服务理论

（一）缘起

公共服务的思想起源于古希腊古罗马时期，亚里士多德（Aristotle）曾提出，"每一个隔离的人都不足以自给其生活，必须共同集合于城邦这个整体，才能（通过）大家满足其需求"[1]，从中可见国家应为其公民谋福祉的基本理念。10世纪之后，随着资本主义萌芽的出现，公共服务思想随着西欧民族国家的兴起而进一步发展，形成了基本理论雏形。洛克（John Locke）认为，"这一切都没有别的目的，只是为了人民的和平、安全和公众福利"[2]。10世纪后半叶，历经两次工业革命之后，各国在政治、经济、文化、社会等方面趋于成熟，政府的公共意识以及民众的公民意识不断提升，迫切需要加强公共服务，以提高国民和国家竞争力，从而促进了公共服务思想的传播和应用，并在此过程中进一步发展。法国公法学学者莱昂·狄骥（Léon Duguit）在20世纪初出版的专著《公法的变迁》中明确，公共服务属于政府有义务实施的行为，其理论在范围、职责、性质方面更加明确和不断深化。20世纪70年代，欧美社会已基本进入了资本主义社会，政府公共服务创新力度跟不上民众对公共服务要求的步伐，造就了新公共管理理论的诞生。要求改革政府并最终形成"企业化政府"，认为政府要"掌舵而不是划桨""授权而不是服务""满足顾客的需要，而不是官僚政治的需要"，其将企业化、市场化机制融入政府公共服务管理中，全面深化改革内部机制与对象定位，以提升公共服务效能的宗旨无可厚非，但在关注公共服务的公平性等方面存在不可忽视的缺陷，于是，为推进该理论的完善，便出现了目前最为盛行的"新公共服务"理论。

（二）主要观点

新公共服务是在以公民为中心的治理系统中公共行政所扮演的角色的理论，会引起公共行政的变革。公共行政官员正集中于控制官僚机构和提供服

---

[1] 亚里士多德. 政治学 [M]. 北京：商务印书馆, 1983: 9.
[2] 洛克. 政府论 [M]. 北京：商务印书馆, 1990: 80.

务，他们更加注重如何"掌舵"而不是"划桨"，就如同他们更倾向于打造一个日益私有化的新政府。但是，在他们忙于"掌舵"的时候，是否忘记了是谁拥有这艘船呢？依照新公共服务理论，认为公共行政在其管理公共组织和执行公共政策时应该落实为民服务和向民放权的职责，不是"掌舵"，也不是"划桨"，而是具有完善整合力和回应力的公共机构的构建。因此，新公共服务理论主要有以下七个基本观点：政府的职能是服务而非"掌舵"；公共利益是目标而非副产品；重视人而非只重视生产率；为公民服务而非为顾客服务；在思想上要具有战略性，在行动上要具有民主性；责任并不简单；公民权和公共服务重于企业家精神。

新公共服务理论是对新公共管理理论的扬弃，发扬了新公共管理理论对于改进当代公共管理实践所具有的重要价值，摒弃了新公共管理理论中关于政府理论的缺陷，在此基础上，提出和建立了一种侧重于民主价值和公共利益，并且适合现代公民社会发展和公共管理实践需要的新的理论。这两大理论虽然在服务对象、对公共利益的态度、对公民参与的看法、对公共责任的观点、对政府角色的认知，以及对公共服务方式等方面存在差异，但又存在很多互补性。应用于养老服务，很难简单评价孰优孰劣。未来的公共服务将以公民对话协商和公共利益为基础，并与后两者充分结合。

三、社会支持理论

（一）研究背景

社会支持理论指一组个人之间的接触，通过这些接触，个人得以维持社会身份并且获得情绪支持、物质援助和服务、信息与新的社会接触；也就是说，社会网络采用物质帮扶和运用精神手段对弱势群体进行无偿帮助的行为总和。社会支持的研究早在10世纪60年代，始于人们对压力影响身心健康的研究。早期研究者认为支持性资源即社会支持，社会支持就是帮助个体解决生活上、工作上的各种问题；后来学者开始从不同学科角度进行了深入研究，并提出在摆脱困境的过程中，他人的支持具有重要的作用，对个体的身心健康具有深远影响。20世纪70年代，社会支持作为一个学科的专业术语被正式提出来。韦伯斯特（Noah Webster）在《新大学字典》中认为支持就是一种能够促进扶持、帮助或支撑事物的行为或过程。康恩（Kahn）则把社会支持定义为人与人之间的肯定、关心、帮助。社会支持是一种主观感受，人们感受到的来自他人的关心和支持，是一种社会联系，人们通过这种社会联系能够获得的他人在物质上或精神上的支持，其中，精神支持是指精神上的安慰，包括能被他人理解、同情、尊重等；社会联系就是指同学、朋友、同事、家庭成员以及其他提供支持的社会组织。究其根本，是从自己身边存在的某个人或组织。我们能够获得其物质和精神方面的支持，是个体实现价值感的重要体现，是促进人们在这种爱与被爱社会环境中发展的重要动力与源泉。

（二）主要观点

综合各类学者观点，社会支持理论主要有以下四个方面：第一，亲密关系观。这种观点主要基于社会互动关系视角，认为社会支持的实质就是人与人之间的亲密关系，这种关系不是一种单向的关怀或帮助，而是一种人与人之间的社会交换与社会互动。第二，"帮助的复合结构"观。该观点认为社会支持是一种帮助的复合结构，帮助行为导致社会支持的产生。第三，社会资源观。这种观点认为社会支持即资源，也就是个人处理紧张事件问题时需要的潜在资源，能够实现社会关系、个体与他人或群体间资源互换。第四，社会支持系统观。认为社会支持是一个系统的心理活动，需要深入考察涉及的行为、认知、情绪、精神等。

将系列理论应用于养老服务，社会支持是由主体、客体和内容构成的极其复杂的多维体系。其主体可以是人，也可以是社会组织，有家庭成员、同事、朋友、邻里和亲属等重要他人，也有政府、经济组织、社会团体等各类社会组织。家庭养老的社会支持是由具有一定信任程度和相当密切关系的个人或组织所组成，既需要国家支持（以国家为主体）、经济领域支持（以企业为主体），也需要以社团和个人为主体的支持，包括各种正式的和非正式的关系网络。社会支持的客体广义是指所有需要支持的个体或群体，而从养老服务角度而言，客体是指所有老年人尤其是居家养老群体。社会支持的内容是指社会支持主体提供的服务，包括尊重性支持、物质性支持、信息性支持、情绪性支持、同伴性支持等，有主观性支持，老年人个体在社会中被支持、理解的情感体验和受尊重满意程度；也有客观性支持，包括社会网络的实际参与、团体关系、物质上的直接援助，各种社会联系的获得程度和数量，这类社会支持是客观存在的现实，不依赖于个体的感受而独立存在，支持方式多样，维度多元。

四、服务型政府理论

（一）缘起

服务型政府理论由 20 世纪 00 年代中国学者张康之等提出，[①] 那个时间面对"建立什么样的国家"和"建立什么样的政府"，社会主义初级阶段面临"建立什么样的政府来领导社会主义建设"，改革开放后面临中国工业化和后工业化同步走的严峻形势，基于对西方公共管理与服务理论等的反思，结合中国历史与现实，中国学者提出有别于西方管理型政府模式的服务型政府概念。自此，各位学者寻根探究其渊源。服务型政府的理论源于马克思主义中的民主理论；基于行政学观点，服务型政府建设的直接支撑是现代公共行政学理论；基于行政法学观点，管理行政向服务转变，注重行政权力行使向尊重人权转变，以物为本向以人为本转变；基于公共经济学观点，公共产品支出为服务型政府建设提供了理论支撑。

（二）基本观点

综合该系列研究，服务型政府是指在公民本位、社会本位、权利本位理念指导下，在整个社会民主秩序的框架下，通过法定程序，按照公民意志组建起来，承担服务责任、履行服务职能的政府。根据张康之的观点，服务型政府建设应该加强以下八个方面：第一，服务导向而非控制导向的政府；第二，公正导向而非效率导向的政府；第三，工具效用与价值观照并重的政府；第四，合作和信任整合机制的政府；第五，德治与法治相结合的政府；第六，行政程序的灵活性与合理性相统一的政府；第七，道德职业型政府，在行政人员的行为层面上，行政自由裁量权能够得到道德制约；第八，前瞻性政府，在政府与社会的关系方面，它既不是近代早期的自由放任型政府职能模式，也不是 20 世纪的干预型政府职能模式，而是一种引导型的政府职能模式。[②]

首先，政府提供服务应依据社会民众的需要；其次，政府应尊重民众自

[①] 刘然. 张康之《走向合作的社会》述评[J]. 理论探索，2017（第6期）：120—128.

[②] 王锋. 论合作的可能性——兼评张康之教授的《为了人的共生共在》[J]. 公共行政（人大复印），2018（第7期）.

-7-

主权，不能强制公民接受某项服务；最后，政府服务应该让民众有较高的满意度。将该理论应用于养老服务，服务型政府需根据分权、法治、责任、效能、竞争原则，参照公众的意愿和偏好，对政府职能进行合理定位，构建公正、法治、有效、透明、负责的政府，其根本的目标是公众满意。第一，要提供制度供给服务，即建立政府、各类组织、家庭、个人遵守的养老保障及服务的制度框架和模式。第二，提供良好的公共政策服务，为解决社会稳定发展和经济可持续发展问题制定政策。接下来，根据养老服务需要对资源进行合理界定。第三，政府机关及其工作人员在服务态度、效率、程序等方面为老年人提供快捷、满意的服务。以服务型政府理论为指导，老年人们可以便捷享受养老服务，惬意体验老年生活。

五、公共政策分析理论

公共政策分析始创于20世纪50～60年代的西方政策科学，其主要涉及公共政策的内涵主题（分析什么）、分析模式的架构选取（如何分析）两方面，目的是通过研究公共政策措施所反映的社会利益，从中协调相关矛盾冲突，以重构或变革社会架构关系。其内涵主要包括现象形态（公共政策）、根本目的（协调矛盾）、形成过程（利益群体动态博弈）。

根据学者研究，架构组合成一个个"政策圆圈"。公共政策各种利益群体通过调整政策的制定、执行、评估、监控、终结等流程中的复杂社会关系来最终确定利益均衡表述的政策形式，是以政策的制定修改调整为杠杆进行一个个动态连续循环往复的主动博弈过程，其形成是多层次多周期多循环，往往一个政策周期终结时需在政策环境背景下多重评估政策过程，这就促使制定主体修正行为偏差，对衍生问题提出新的政策方案，开启另一个政策周期。

居家养老服务属于公共政策领域里老年社会保障政策系统内的一个分支，其根本目的是寻找一个合适的方案来持续满足老年人对于原居舒适安老的各种需求，它的形成过程遵循"公共政策圆圈"的范式，在初步完成居家养老服务政策的制定、执行、评估、监控、终结这样的完整连续的周期后，经过对既有居家养老服务政策过程中的特征进行归纳梳理，明确该政策成功的标准和失败的原因，总结成经验推动新型居家养老服务政策的构建，再循环经历新政策的制定、执行、评估、监控、终结的流程，最终满足公正公平的价值诉求也只有持续地进行政策探究和理性策略的博弈才能最终促进各利益群体目标的均衡实现。

在公共政策分析模型方面，根据美国政策学家保罗·A.萨巴蒂尔（Daul A. Sabatier）首创的支持联盟框架，基于政策的制定是一群有组织的利益集团共同体通过定义相互的观念和价值，以塑造共同的核心政策信仰开展一定的合作，其联盟框架主要包括相对稳定的变数、外部（系统）事件、主要政策变迁需要的一致性程度、子系统行动者的约束和资源、政策子系统这五组变量。其中，相对稳定的变数包括问题领域的基本特质、自然资源的基本分布、基本的社会文化价值和社会结构、基本宪法规则四个方面，外部（系统）事件包括社会环境的变迁、公共舆论的变化、统治联盟系统的变化、来自其他子系统的政策决定和影响等。

根据该框架模型结构分析居家养老服务的公共政策问题，作为老年保障制度中的子系统之居家养老服务，其所对应的相对稳定的变数包括养老问题的公共性和非排他性，养老文化和人口经济结构，社会、经济资源的基本分布，基本宪法规定，涉及居家养老服务政策的外部事件包括老年收入、医疗、住房、照顾家庭照顾者等支持性政策的影响，公共政策主体的权责定位以及志愿者组织的渗入等。

六、公共物品多元化供给理论

公众对社会公共物品的需求随着经济社会发展而多元化，对传统政府的公共福利供给来说是一个很大的难题，存在政府供给低效和供不应求的问题。同时，各政府管理部门基于自身利益的最大化往往夸大本部门产出物品的重要性，从而争取尽可能多的财政预算以致供大于求。这种社会福利领域出现的政府失灵现象引发了各国公共管理的革新。为提高公共部门供给公共福利和公共服务的效率，各国探索出多元化供给的多种模式。其中，典型的有20世纪00年代开始在西方流行的公私合作制，即公私伙伴关系。被称为"民营化大师"的美国学者E.S.萨瓦斯（E.S.Savas）认为，这种公私伙伴关系是企业、当地政府和社会组织为改善城市状况而建立的一种正式合作，旨在促进多方参与基础设施项目，能够有效组织生产、提供物品和服务。[1] 如此民营化

---

[1] 萨瓦斯，敬乂嘉，胡业飞.访纽约城市大学E.S.萨瓦斯（E.S.Savas）教授[J].复旦公共行政评论，2013（第

参与公共物品的供给，改变了政府是公共物品的唯一供给者和生产者身份，为公共事业的发展注入了新的活力。

各国理论者多认同这种新型的供给模式，通过前期福利国家的成功改革实践发现，政府的制度权威很大程度上决定了公共服务供给的质和量，市场的供求关系、价格机制和竞争机制也是提高公共服务供给效率的重要影响因素，政府把多元化供给当作核心理念和措施，旨在有效促进经济增长和提高公共服务水平。就目前发展趋势而言大多数政府将供给方式的多样化选择作为公共服务改革的重点，构建双主体参与供给方式和三元主体合作供给方式，公共物品的多元化供给源于政府、公民、私营部门、非政府组织，因此，多元主体互动供给称为主流发展趋势。

七、协同增效理论 & 服务链理论

协同效应原本是指物理化学现象中两种或两种以上的不同元素融合所产生的作用大于各元素单独应用时的作用之和，又称增效作用。其源于德国物理学家赫尔曼·哈肯(Hermann Haken)提出的协同概念。他在协同理论中阐述了整个环境中的各个系统间的关系，认为各系统中存在着相互影响而又相互合作的关系，这种相互关系所组成的新结构能够产生整体效应。该理论延展不仅得到了政治学的认同，更是发展到经济学、管理学等各领域。[①] 马克思唯物辩证法认为，整体并非各部分的简单相加，而是由各部分构成的有机统一体，整体融合功能大于各部分功能之和。美国战略学家伊戈尔·安索夫(Igor Ansoff)将协同理论引入并发展为经济学概念，他认为协同理论是企业进行多元化战略管理的重要依据，是有效利用资源的方式，用公式可简单表述为1+1＞2，2+2＞5。经营协同效应、管理协同效应和财务协同效应是协同效应最常表现的三种类型，其中经营协同能够产生规模经济、纵向一体化、市场力和垄断权、资源互补等实际效益，管理协同能够提升资源的利用率、节省管理运营成本、增强企业持续竞争力，财务协同能提高财务能力、合理避税、降低风险。[②] 蒂姆·欣德尔(Tim Hindle)认为，通过共享技能、共享有形资源、

2期）：252—257.

[①] 王丽丽.赫尔曼·哈肯的"协同学"哲学思想评析[J].现代经济信息，2018（第4期）：469.

[②] 杨培芳.互联网时代"协同经济学"理论新探[J].中国经济报告，2021（第4期）：143—145.

协调的战略、谈判联合等横向关联和纵向整合的方式可以实现协同，获得最大化发展。①

随着协同效应在企业管理领域的广泛运用，服务业将其引入并催化了一个较为新颖的服务供给理论——"服务链理论"，该理论认为服务是由服务链提供的，每条服务链都是由两个或两个以上的节点相关联而形成的，当服务链条构成后它对消费者的服务供给具有主动性、前瞻性、完整性、社会性和对称性等特点，在信息、产品、技术、资金等上中下游提供最优化的协同服务。养老服务作为服务产业之一，其对居家养老服务的供给内容就是具象化为服务，完善居家养老服务供给的研究就可采用协同增效理论以及服务链理论所提出的建构方法，为实现资源利用最大化，成本耗损最小化，服务路径便捷化，居家养老服务领域中政府、社会、家庭力量之间可形成协同，达成一致性目标利益，以合作的方式构成开放的"服务链"，在为老年人提供衣、食、住、行、乐及发展的服务过程中实现主体间资源相互匹配、文化相互融合、目标相互促进，以此"增效"——最大限度满足老年人养老需求，实现老年人养老福利最优化供给的整体效应。

八、社会治理理论 & 委托代理理论

（一）社会治理理论

治理理论作为英语国家的日常用语，隐含在公共管理之政治进程中，主要指作为行为者的政府、社会组织、社区、团体及个人等为实现公共利益最大化，探索以平等合作的方式依法规范和管理社会事务及社会生活，使社会矛盾和社会问题得到最大程度的有效处理的系统性工程。

该理论源于20世纪00年代后，随着人们经济生活水平的提高及文化生活的活跃繁荣，各类慈善组织、志愿团体、社区组织、民间互助组织等社会自治组织力量不断壮大，其对公共生活的影响日益重要，加之政府承担社会事务的管理负担日益加剧，理论界开始就政府与市场、社会间的关系问题重新反思。如果说新公共管理运动主要关注公共部门对市场机制和企业管理技术的引进，治理理论的兴起，则进一步拓展了政府改革的视角，它对现实问题的处

---

① ［英］蒂姆·欣德尔. 关注管理的软肋：玻璃天花板［J］. 现代领导（A版），200[ ]，（第3期）：[ ]—[ ].

理涉及政治、经济、社会、文化等诸多领域，成为引领公共管理未来发展的潮流，即在众多不同利益共同发挥作用的领域建立一致或取得认同，以便实施某项计划。

治理理论作为公共管理理论的拓展，就谁来治理、治理什么、怎么治理等问题，其主要特征包括：一是治理的参与主体趋向多元化，在公共事务领域中国家和社会、政府和市场、政府和公民共同参与，结成合作、协商和伙伴关系，形成一个多维度互动的管理过程；二是主体间权力与责任的界定较为模糊，需要完善法规对纵横各层级主体的责权利进行明晰，使之能有一定规则约束；三是主体间的权力存在较强的依附性与交互性，中央政府单位、地方政府单位、政府派生实体、非政府组织、私人机构，以及公民个人在内的许多决策中心均在进行社会公共事务的管理，彼此交互作用；四是自主治理网络体系的构建，在互联网背景下各主体以多种形式共同行使主体性权力，共同承担责任，要在事务、人和组织、眼前和长远进行战略和战术的管理；五是政府的职能范围及作用方式需要重新界定，中央、地方政策法规如何通过社区治理。下沉落地治理理论在社会公共事务管理过程中可以弥补政府与市场的失灵，但治理理论也不是万能的，针对治理难以避免的缺陷，国内外逐渐实行公共事务的部分权益放与受，即委托代理部分公共事务，让政府在重大决策导向上把控。

（二）委托代理理论

委托代理理论的产生是基于非对称信息博弈论。非对称信息是指某件事情的运行过程中，一部分参与人拥有另一部分参与人所无法拥有的信息。无论是否处于信息时代，信息的非对称性都包含发生时间的非对称性与信息内容的非对称性两个维度，就发生时间的非对称性维度而言，某件事情运行过程中非对称性可能发生在参与方正式签约之前，也可能发生在正式签约之后，即事前非对称与事后非对称。研究事前非对称信息博弈的模型被称为逆向选择模型，研究事后非对称信息博弈的模型则被称为道德风险模型。就信息内容的非对称性维度言，而非对称信息可能是指一部分参与人隐藏起来的行为，也叫隐藏行为模型；也可能是指一部分参与人隐藏起来的知识，也叫隐藏知识模型。

委托代理理论作为制度经济学中契约理论的重要内容之一，其概念最早是由罗斯提出，他提出"如果当事人双方中，代理一方代表委托一方的利益行使某些权利，那么委托代理关系也就随之产生于其后"，该理论被学界发展，认为委托代理关系是随着生产力的发展与生产的规模化而渐渐产生的。一方面由于生产力的发展致使社会分工进一步细化，委托人由于自身的局限性等原因，没有能力行使自身拥有的权利；另一方面分工的专业化使得大量的专业代理人涌现，他们有精力且有能力行使好被委托人委托给他们的权利。因此，如今委托代理理论主要研究的委托代理关系是指一个或多个参与方根据显性或隐性的契约，指定另一些参与方为其提供服务，同时授予他们一定的自由决策权，并根据提供服务的数量与质量支付相应的物质报酬，其中授权者就是委托人，被授权者就是代理人。委托代理关系起源于一种较为"专业化"的存在，当存在某种专业的时候就可能会出现这种关系，并且在这种关系中，代理人由于相对的信息优势常常自主代表委托人的行动选择。鉴于代理前后大量隐性显性的非对称信息难以透明公开，委托代理仍存在难以克服的局限，由于委托人与代理人拥有各自的效用函数，因而两者的权益必然存在冲突。在没有科学合理的制度安排下，代理人的自主行为很可能会损害委托人的利益。无论是经济性质的委托还是社会性质的委托，均需要进行规范。

居家养老作为公共管理的一部分，政府需要对部分职能进行委托购买而基于委托代理理论，政府部门可视作"委托人"，承接服务的社会组织看作"代理方"，在委托代理的大框架下，对参与购买的政府部门与社会组织间的互动关系进行深入研究，可推进居家养老服务的规范化、效能化。

第二节 有关社会保障与福利理论

一、福利多元化理论

（一）缘起

福利多元化理论是产生于20世纪80年代的新兴理论范式，缘于20世纪后期西方一些福利国家产生了福利危机，基于对福利国家的批判而成。20世纪70年代末，《沃尔芬德的志愿组织的未来报告》中首提福利多元化概念，要求福利应维持多元体系，志愿组织应有所改善，并加强其作用。此后罗斯对其进行了详尽阐释，认为社会总福利为家庭、市场、国家三方面共同提供，只有多元的互补才为最优组合。德国学者伊瓦斯在此基础上进一步发展，将福利置于文化、经济和政治的背景中，将家庭、市场、国家具体化为对应的组织、价值和社会成员关系，认为社会福利来源于市场、国家、社区和民间社会。就业福利由市场经济提供；非正规福利的核心主要涵盖个人努力、社区互动以及家庭保障；社会资源再分配主要通过国家社会福利制度实现民间社会在社会福利中起着特殊作用，能够有效链接存在理念差异的政府、社区、市场，让私人利益与公共利益保持协调一致，该理论成为后来许多学者理论分析的框架。

庇古（Arthur Cecil Digou）首次提出了福利经济学理论，认为个人获得的效用或满足感即福利，而能够直接用货币衡量的福利就是经济福利。要增加经济福利，就必须实现各生产部门的生产资料的有效配置，这样就能增加国民收入，从而促进经济福利的增加。也就是说，要实现国民收入最大化，就必须保证各部门的生产资料配置适宜程度最优化，就是要满足在生产过程中"生产者获益"，使整个社会获益。[①] 通常情况下这两者往往不相等，因此，国家通过财政、税收等经济手段干涉，从而使两者相等。庇古的转移支付理论和增大社会福利理论，对后来福利国家的社会保障制度也影响深刻。

（二）应用

福利多元主义，一方面强调加强公共部门、非营利部门、营利部门、社区

---

① 邓安泽. 基于公共经济学视角下的庇古税探讨[J]. 中国外资，2013（第10期）：172—173.

以及家庭之间的合作，发挥民间参与福利提供，有利于提高福利服务的质量和效率；另一方面强调规范化管理非营利组织，对其进行有效引导，减少民间参与福利供给的限制，实现政府机构与个人需求的有效对接，其理论主要强调弱化政府的支配角色，逐渐转向由志愿部门和商业部门为主导的福利提供模式，以达到重新配置不同部门角色和功能的效果，从而缓解西方国家福利危机以及构建我国福利社会化理念，政府扮演社会福利服务的供给者、购买者、规范者、管理者以及监督者。非营利组织主要是弥补政府社会服务的空白，防止市场势力过度膨胀，有效整合福利资源以保证服务供给的效率最大化。随着"福利多元主义"的发展，结合我国具体国情也提出了本土化概念——社会福利社会化。这一概念与福利多元化在理念上都主张采用多元化、多渠道解决社会福利，反对国家单独包揽。

二、凯恩斯社会照料理论

凯恩斯经济理论并未直接提及社会福利制度，但凯恩斯提出了社会照料问题，实行累进税制、最低工资法、限制工资立法等主张，对社会福利制度产生了深远影响。

（一）主要理论

该理论由英国著名经济学家凯恩斯（Keynes）提出。20世纪30年代，由于经济大萧条导致传统的自由主义经济学遭受空前挑战，凯恩斯主义便开始兴起，并逐渐成为各国政府制定经济发展战略与经济政策的主要依据。资本主义国家应对经济危机制定经济政策主要源于凯恩斯的《就业、利息和货币通论》，在这篇文章中首次阐述了国家干预政策思想以及相关的经济理论，其理论体系主要包括有效需求原理、有效需求不足原理和三大基本心理规律。有效需求理论主要指达到平衡状态时的总需求，也就是"总供给＝总需求"，此时企业家的生产能够实现利润最大化。总供给与总需求的价格机制对社会的总就业量起着决定性作用。当总需求大于总供给时，企业需要扩大生产，增加工人雇用量，社会总就业情况就会增加；反之，企业减少雇用工人，就会出现非自愿失业现象。当消费或者投资需求不足时，就会导致社会有效需求不足，存在这种现象主要是由于"三个心理法则"：消费倾向法则、资本边际效率法则、流动偏好法则。消费倾向法则主要表明消费增长落后于收入增长导致消费需求不足；资本边际效率法则和流动偏好法则主要表明预期利润率偏低，与利息率不相适应，消费增长落后于收入增长，从而引起消费需求不足。正因为这三个心理法则，导致投资不足，从而使社会有效需求不足，最终导致了雇用工人的非自愿失业。凯恩斯认为，在自由放任的条件下，资本主义社会的总需求不足以实现充分就业，"非自愿失业"这种现象长期存在的原因是需求不足，因此需要提高需求来促进就业，而政府干预是刺激有效需求的主要手段，这就是有效需求理论的核心思想。[①]

（二）对社会福利的主要影响

西方国家的"普遍福利"政策以凯恩斯的有效需求不足理论为指导，主要体现在以下几个方面：第一，积极的财政政策可以提高社会保障水平的社会福利，思想积极的财政政策一方面能够提高社会保障水平；另一方面能够提高居民的边际消费倾向，这样就会提高社会有效需求的水平，以实现刺激经济发展。也就是说，可以通过扩大财政支出，促进基础设施建设来发展物质生产，比如，建设社会福利的基本设施能够有效刺激资本家投资需求。经济萧条伴随着失业人员增加，此时政府应增加转移支付、失业救济金发放额度以及其他福利支出，抵消个人收入的下降从而提高社会有效需求。第二，累进税调节国民收入的思想。贫富差距过大不利于提高人民的消费倾向和社会的消费需求，不利于促进经济发展，不利于提高就业率。随着收入的增加，消费的边际倾向呈现递减的情况，富人的消费倾向通常要低于穷人的消费倾向，因此通过向富人实行累进税，提高税收，将其转移支付给穷人以减少储蓄，可以增加消费支出，从而实现宏观经济的均衡。第三，以生产为导向、以实现充分就业为目的的福利价值取向。当经济繁荣时，个人收入与企业利润都明显提高，就会增加储蓄，政府的收入也就会迅速增加，那么社会保障收入也会迅速增加。同时，随着社会就业率提高，社会保障支出减少，就会导致社会保障基金收大于支，从而抑制了消费需求和投资需求；当经济萧条时，个人收入与企业利润增长速度放慢，就很难增加储蓄，政府的税收也就很难提高，社会保障收入增长更加困难，加之，随着社会就业率降低，社会保障支出增加，从

---

① 刘彤瑶，常瑜. 凯恩斯经济理论的投资社会化探究 [J]. 商场现代化，2016（第19期）：253—254.

而刺激消费需求与投资需求,有利于经济复苏。调整社会保障收支来影响社会总需求,这样起到调节、缓和经济波动的自动稳定作用。凯恩斯的社会福利理论基于生产视角,通过有限再分配,提出维系再生产方面的相关主张和政策建议。

(三)衍生发展

随着时代的不断向前,发展凯恩斯主义的"内在稳定器"理论也受到新自由主义者的挑战,在社会保障经济理论的研究方面衍生出新的见解。

1. 新剑桥学派的社会保障思想

英国的新剑桥学派是现代凯恩斯主义的一个重要分支。他们认为社会财富和收入分配不均是资本主义社会问题的症结所在,他们主张政策的理论基础是收入分配理论,从而论证了社会保障制度实施的必要性。其代表人物罗宾逊夫人主张用累进税改变收入分配的状况,给低收入者适当的补助,增加社会福利支出等社会保障措施以解决收入分配失调的问题。

2. 货币主义的社会保障思想

其代表人物弗里德曼(Milton Friedmann)认为,国家应该减少对经济干预,市场自由竞争可以提高效率。他反对给低收入者实行差额补助以维持最低生活水平,因为这会挫伤人们劳动的积极性,最终有损竞争和效率,但是完全取消又会遭到社会的反对。为了既救济贫困,又不损害竞争和效率,弗里德曼主张采用负所得税。通过负所得税,既能帮助低收入者维持基本生活,又能保证人们的工作积极性。[①]

3. 供给学派的社会保障思想

供给学派主张大幅减税,以刺激个人储蓄和企业投资,并且重视智力资本反对过多的社会福利,因此大量削减社会支出,停办不必要的社会保险和福利计划,严格限制受领的资格条件,降低津贴或补助。

凯恩斯提出的社会照料理论,主要是通过反危机措施来促进经济正常发展,国家担负起私人和市场无法负担的老年救济、失业保险等社会责任,同时将社会照料理论当成收入再分配的工具,力图在一定条件下能够解决贫困问题,采用"福利国家"形式来缓和阶级矛盾,使其在"混合经济"的旗帜下有效

---

① 张坤,刘璐."弗里德曼假说"的再检验[J].云南财经大学学报,2019(第4期):69—71.

维护私有经济的"永恒性",是社会保障理论新的里程碑,进而直接影响社会保障事业在全国各地的建立和发展。

三、社区照顾理论

社区照顾理论源于20世纪50年代英国的一种新的专业化社区工作模式理论和实践。社区照顾有广义和狭义之分。广义的社区照顾包括社区所有需要照顾的群体,如老年人、残疾人、儿童和精神病患者等的照顾;而狭义的社区照顾专指社区对老年人的照顾,这是社区照顾的核心,并在此基础上形成了社区照顾养老模式。由于概念界定角度不同,相关养老服务理论争议也不断。

社区照顾是指社区中的各类成员——家人、朋友、亲戚、邻居、志愿者等组成的非正式网络,和各种正式的社会服务机构——医院、福利院、养老院以及各种康复中心等机构配合,在社区内对需要照顾的人提供服务的过程。好的社区照顾应当注重"社区内的照顾"——由服务机构在社区里建立小型化、专业化的服务机构,建立社区活动中心,以社区为依托提供服务设施、技术以及基础的治疗,为有需要的老年人提供教育、生活照顾和治疗等方面的服务,"由社区照顾"主要指家庭成员、朋友、邻居和社区内的志愿人员所提供的照顾,"与社区共同照顾"主要由政府提供经费补助,并协助机构组织健全发展,透过社区民众的参与,善用社区现有的设施与场所,真正达到福利预算和方案决策权的分散化和社区民众参与的理想。

社区照顾把非正式关系当作提供养老的重要组成部分,主要包括家属、邻里、朋友以及各种志愿性组织,力图通过"去机构化"来实现正常、老有所养的生活,避免了"全控机构"缺乏人性化照顾的状况,其主要目标是重建新公民意识、政府与社区建立伙伴关系、帮助服务对象正常地融入社区、使服务使用者能够承担倡议者的角色、建立理想和关怀的社区,其主要特色或者核心是强调社区中的非正式网络对老年人的照顾,帮助有需要老年人能够独立地、有尊严地在社区中继续生活,这就在一定程度上克服了"机构照顾"的缺陷,有助于整合各类社会资源,改善社会服务的质量,解决受照顾者生活的困难,以保证其基本生活的正常进行,作为一种社会服务的模式正被大力推广。但从国外社区照顾的经验来看,要贯彻社区照顾的理想不是一件容易的事情。其中，既有价值观和权利关系的冲突，又存在着实际操作上的困难。因而，该模式亟待完善。

四、马克思主义社会保障理论

马克思主义关于人的需要的理论、社会再生产的基本原理和社会产品分配的基本原理，是社会主义社会保障的理论基础。但其相关理论并未形成非常完备的体系，需要在实践中不断完善。

（一）满足人的需要理论

根据马克思主义观点，人的需要是人的本性。在一定的社会关系条件下，通过自由自主的实践活动来满足人的需要，这是人们进行社会生产活动的基本动力，也是社会主义生产的根本目的，这一观点成为社会主义社会保障的理论基础之一。人的需要是社会性需要，也就是说人需要的满足是相互的；同时，人的需要是多样性需要，需要层次主要包括自然层面、社会层面、经济层面、精神层面。按照需要层次的高低，只有低层次的需要被满足后，才能向较高层次的需要发展，高层次的需要满足后并不意味着低层次的需要消失，低层次需要仍然存在，只是对人们行为的影响效能降低了。

（二）社会保障再分配思想——社会总产品"扣除理论"

马克思主义基本原理中关于社会产品再分配的方面，表明了通过国民收入的分配与再分配来建立社会保障基金。在《哥达纲领批判》中明确指出，社会主义中的社会总产品在进入消费领域之前应该扣除以下几部分：第一，用来补偿消费掉的生产资料部分；第二，用来扩大生产的追加部分；第三，用来偿付突发事件的保险基金或后备基金。[1]社会总产品中的其他部分主要当作消费资料，在把这部分进行个人分配之前，还得从中扣除几项：第一，和生产没有关系的一般管理费用；第二，用来满足共同需要的部分，如学校、保险设施等；第三，为丧失劳动能力的人设定的基金，如官办济贫事业。

（三）"两种生产"理论

马克思主义观点认为，人类社会存在和发展的基础就是社会再生产，社

---

[1] 张啸尘.《哥达纲领批判》中的两种平等[J]. 中共宁波市委党校学报，2021（第6期）：26—34.

会再生产以物质资料的再生产为中心内容，以劳动力再生产（人口生产）为必要条件。由于社会再生产过程的承担者是劳动力，这就表明，人类不仅通过物质资料生产取得人类生存所必需的生活资料，而且还能利用自身的再生产达到劳动力更新和人类的延续。劳动力再生产和物质资料再生产相辅相成、互相制约、互相渗透，这种互为前提、互为条件的关系必须保持适宜的比例，从而促进社会更加协调地发展。社会保障紧密联系着物质资料再生产和劳动力再生产，社会保障的经济基础是物质生产，社会保障中的人口生产与劳动力再生产密不可分。当劳动力基本停留在简单再生产过程时，劳动力再生产的一般费用由家庭负担，当劳动者丧失生活来源时，家庭保险成了生活的主要依靠。经过产业革命后，进入了工业化社会，劳动力扩大再生产增加了一系列的费用开支，为适应现代经济发展的需求，劳动力的扩大再生产费用对于家庭而言不能承受，这就必须通过社会保障来保证劳动力的扩大再生产能够顺利进行。

《资本论》中也阐述了社会保障基金的必要性：从物质层面来看，在再生产过程中，可变资本总面临着遭受意外危险和损失的风险。[①] 所以，必须把剩余价值中的一部分充当成保险基金。国民收入经过分配和再分配，最终划分成了积累基金和消费基金。社会保障基金是社会消费基金的重要组成部分，在国民收入的初次分配和再分配中都占一定的比重。国家通过国民收入的分配和再分配，能够灵活调节社会成员的收入，减少社会不平等，缩小贫富差距，以促进社会经济的协调、可持续、良性发展。

五、社会福利社会化理论

社会福利社会化理论是我国在西方福利多元化理论基础上结合我国市场经济发展实际而提出的。

社会福利社会化以"福利多元主义"或社会共同责任本位为理论基础，其本质就是福利改革实践，提倡国家（或政府）、企业、个人及社会共担社会福利责任，倡导不同责任主体之间分工与合作有机融合，联合社会各部门力量，为有需要的社会成员提供专业化服务，为使为社会成员提供的福利服务最大化主要包含以下几方面内容：

[①] 张姗. 社会保障会计在社会保障基金管理中的作用[J]. 大众商务，2022（第3期）：36—38.

（一）福利目标最低标准转向社会质量

社会福利社会化改革以前，我国的社会福利是针对弱势老年人、残疾人、孤儿等提供最低生活水平标准。该标准仅仅能从治标的层面帮助社会福利对象暂时缓解困境，无法从根本上帮助福利对象摆脱困境、改善生存状况。且受益面很窄，只针对社会上的"三无"人员和孤寡残障人士，只占广大需要社会福利服务成员的极少数。由于人民生活水平不断提高，民众在追求提升福祉和个人潜能的情况下，社会质量也不断提高，也就是民众参与社会经济生活的程度也有所加强。这就要求提高社会福利水平、扩大社会福利服务受益面，让弱势群体能够有效得到社会经济保障，以此来有效抵御社会风险和摆脱社会困境；同时，应该尽可能大地惠及更多有需要的社会成员，使其有能力全面参与经济与社会生活，进而实现社会福利对象的公众化。

（二）福利对象——被动受助者转向能动主体

有效利用政府和社会的帮助来增强权能，尽自身最大努力来提高生存能力和改善生活状态；同时需要建立起相应的社会责任感，为社会福利发展出一份微薄之力。

（三）福利主体——独力支撑转向多元合作

在二元分割体制下，国有部门和非国有部门都存在着福利主体单一化的现象。社会福利社会化的四维分析框架，提倡不同社会福利主体进行多元合作。一方面，民间、社区、市场、国家均承担应尽的责任，发挥相应作用；另一方面，根据不同性质对福利主体进行角色分工，加强与其他相关部门合作。国家是社会福利最主要的责任主体，不仅要出台和完善相关社会福利政策，而且要合理规划社会福利事业；不仅要充分动员社会力量制定社会福利标准，而且要优化福利服务的运行监管机制；不仅要在观念层面加强对社会福利社会化意识的倡导，而且要在福利运行层面加大对社会福利事业的经费投入和社会福利机构的政策扶持与服务引导；不仅要为其他福利部门的独立运行创造良好的社会环境，而且要在机构协调方面承担重要职责。作为市场力量代表的营利部门是社会福利的直接服务者，需要按照政府部门的规划、标准进行具体实施，积极参与同政府、家庭、社区及NGO之间的协作与沟通。社区作为联系居民、组织机构、政府的中介系统，以行政力量为依托，致力于培育居民的自治意识与自治能力，让更多居民参与到志愿服务中，并与企业合作争取志愿组织的支持。多方整合社会福利力量，旨在为社区居民提供生活照料、医疗健康照料、家政服务、精神慰藉照料、休闲娱乐类照料以及文化教育类照料等全方位的服务。民间社会不仅是志愿服务的直接提供者，而且是社会福利事业的积极推动者。民间社会不局限于为社会成员提供各种志愿服务，还能够积极参与相关社会福利政策的制定与修订、评估与建议，同时，有利于社会福利队伍的专业化建设和提高服务志愿性。

（四）福利协作机制——行政主导转向民主对话

社会福利社会化在进行改革以前，就形式而言，我国的粗具规模的多元化福利主体以政府部门为主导，以单位和社区为骨干。但是，就各福利主体之间的关系而言，改革之前我国的社会福利协作机制行政化色彩严重，不同社会福利主体之间存在领导与被领导或者指导与被指导关系，纯粹的合作关系很少。改革实行社会化后，倡导民主对话型的福利协作机制。社会福利事务不是通过权力推动而是对话协商解决，各福利主体之间更多的是合作关系，而不是领导与被领导。每一个福利主体都是相对独立存在的，而不同福利主体之间既相互监督和互相制衡，又相互合作。民主对话型的福利协作机制不仅能够最大限度地调动福利主体的能动性和积极性，而且有利于推动社会福利事务发展更加科学化、民主化、高效化，因此，社会福利社会改革是一种必然选择。

（五）福利政策模式——消极被动转向积极主动

改革以前，我国的社会福利政策模式采用消极被动型或剩余型，政府承担有限的社会福利责任，主要体现在社会福利对象主要局限于已经遭遇社会风险的困难群体。在全球化背景下，人为风险占主导，我国的社会福利政策模式需要转向积极主动而不是消极被动，也就是说不只是单纯的帮助社会成员处理危机，还需致力于帮助社会成员怎样积极面对和预防危机；不只是满足社会成员的物质需要，还需致力于满足社会成员的精神需要；不只是帮助社会成员摆脱暂时的困境，还需致力于帮助社会福利对象提升发展能力和人力资本；不只是政府要在社会福利中承担更多责任，还需致力于鼓励和扶持政府以外的非营利机构、志愿组织、慈善团体以及各类企业等积极参与到社会福利事业中，促进民间、社区、市场以及国家的共同参与，进而提高社会成员的福祉和增强社会抵御风险的能力。

六、社会嵌入理论

嵌入性理论属于新经济社会学的一个研究范式，又称嵌入性，由社会学家格兰诺维特（Mark Granovetter）提出。该理论基于经济学假设和社会学假设分析，对注重个体的自由意志而忽略个体所在的社会环境的"低度社会化"与过于强调社会制度规范和传统文化习俗对个体的影响而忽视个体主观感受的"过度社会化"都表示反对。认为任何个人都不可能脱离社会而孤立存在，都处于特定的社会结构关系网络中，个体可以有效利用这种社会关系网络来获得所需要的信息、服务、利益等方面的资源，从而获得广泛的社会支持。嵌入式理论侧重于强调人的一生中，不仅要防止社会化不足，脱离社会背景单独采取行动、做出决策，而且还要反对过度社会化，成为规则的奴隶。要在个体与社会结构之间融合互动，寻找一种动态平衡的某个均衡点，坚持"适度社会化"。①

该理论同样适应居家养老。老年人不能绝对脱离社会角色而沉湎于家庭，社区介入居家养老服务可让老年人和社会适度互动。对老年人养老而言，社会化不足时偏向于家庭养老，过度社会化则选择机构养老。"互联网+"养老建设体系就是要通过系列制度的制定实施，让远离社会的老年人在角色转换、面对突发情况时可以积极应对，逐渐适应新环境、新身份。适度的社会化，可提高老年生活质量。

七、老年社会保障理论

老年人有权享有和获得高程度的健康权利，随着增龄有些老年人将需要全面的社区和家庭照料。我国对老年社会保障的认识也比较统一：老年社会保障是指对退出劳动领域或无劳动能力的老年人实行的社会保护和社会救助措施，包括经济、医疗以及服务照料等方面的社会保护和社会救助。《中华人

---

① 周晶晶. 基于格兰诺维特社会关系理论的居民保险意识研究[J]. 统计与决策，2016（第4期）：170—173.

民共和国老年人权益保障法》(以下简称《保障法》)更是明确老年人有"受赡养的权利",对于年事高的老年人,《保障法》规定老年人要提高养老水平,就必须获得养老服务,国家和社会必须把享受养老服务作为社会福利的一部分来给予,而不是偶尔的恩赐和善事。老年保障是国家和社会多渠道、多层次为老年人提供社会救助、养老保险、医疗保险和社会福利等方面的保障。

可见,老年人社会福利是国家和社会通过社会化的福利设施和有关福利津贴,为满足老年人的生活服务需要并不断改善其生活质量的一种社会政策和公共福利。从其内容性质上看,属于第三产业范畴,但不同于一般的第三产业,是依靠政府部门引导和扶持,借助市场力量调节,整合社会团体和民间组织多方参与的社会公共领域。

第三节 有关需求及产业发展理论

一、需求层次理论

美国著名心理学家马斯洛(Abraham H. Maslow)把人的需求划分为五个层次:生理需求、安全需求、社交需求、尊重需求和自我实现需求,全面地阐述了人在不同层次上的差异化需求。[1]

(一)生理需求

该理论认为,人要生存就必须要满足衣食住行等基本生存条件,如空气、水、吃饭、穿衣、住宅、医疗,等等。这是人类生存最原始、最基本的需求,也是需求底层需要。对老年人而言,吃饭、穿衣、看病、出行等最基本的需求无法满足,其生存就成为重要问题。尤其半自理或不能自理的失能失智老年人、生活极度困难的老年人,此需求更为重要。对能自理的老年人而言,饮食中的营养搭配,服装中的舒适耐用等则是其基本需求。

---

[1] 王建芳. 新解马斯洛需求层次论 [J]. 人力资源, 2020 (第15期): 104—106.

（二）安全需求

安全需求为第二层需求。即人在满足基本的生理需求后就需要安全保障。包括生活安稳、环境安康、劳动安全、职业安定等方面。每个现实生活中的个体，都存在对安全感、自由、防御的欲望。同理，就老年人群体而言，安全需求主要体现在住、行和医上面，这与老年人的身体素质差易生病息息相关。他们不仅担心生病后肉体上的痛苦，还害怕"看病难"和没人照顾。因此，医疗护理需求是老年人的基本需求，其中最主要的是，看得起病和病了有人照顾。老年人的居住环境便捷宜居、出行方便，适合做力所能及的劳动，即使突发事件发生有基本的防护措施等。

（三）归属与爱的需求

即社交的需求。每个人都是社会人，都是各类群体中的一员，渴望得到家庭、团体、朋友、同事的关怀爱护理解，友情、亲情、世情都需要。尤其老年人更害怕孤独，被社会大群体边缘化，渴望享受天伦之乐、家庭幸福美满；能够积极参与社会活动，与他人交流谈心，彼此照料和关心，来打发生活中的寂寞时光；对那些寡居的老年人而言，希望能够找到一个与自己相濡以沫的伴侣。这类需求与个人性格、经历、生活区域、民族、生活习惯、宗教信仰等都有关系，难以察觉，无法度量。如，独居养老机构的老年人需要亲朋友邻的关照、居家养老的老年人需要社区交流支持。

（四）自尊的需求

尊重的需求主要是指尊重和被尊重的需求，具体而言，包括尊重别人、自我尊重、自我评价，主要涉及自尊、他尊、权力欲三方面，自尊和他尊希望能获得他人的高度肯定和赞赏，权力欲希望赢得较高的社会地位。针对老年人群体而言，他们社会阅历丰富，内心希望得到别人的尊重，老年人的自尊往往表现为不断充实自己的知识，提高修养等方面。

（五）自我实现的需求

自我实现的需求属于成长性需求，属于需求的最高层次。这种需求就是要充分发挥自己的潜能，尽自己努力去完成与自己能力相称的工作，以实现个人的理想、抱负为目标，使自身价值最大化。部分老年人退休后身体依旧很健康，想身体力行地做些工作，最大限度地实现自己的社会价值；还有部分老年人退休后时间和精力充沛，为进一步提高自己，想实现一些未了的心愿或者爱好，这就需要为其寻找发挥余热的平台。

综上所述，老年人的需要种类复杂，既有生理性又有社会性；既有物质方面又有精神方面。我国社会不断进步，人民生活水平不断提高，老年人们养老需求变得更加细致，我国养老事业不断探索过程中，基于马斯洛需求理论形成了"五个老有"理论，对老年人的需求进行了高度概括，并且对需求的层次性进行了系统划分。其中，"老有所养"是基础；"老有所医"是保障；"老有所为"是老年人社会价值的体现；"老有所学"是老年人文化素质提高的表现；"老有所乐"是老年人身心健康的需求。

二、有关老年人的社会理论

（一）角色理论

角色理论是最早用于解释老年人如何调整自己适应年老过程的理论。角色是个人与社会相互接纳的一种形式，是对一个人与另一个人的关系或者是与社会设置的关系厘定的成套的期许行为形态。个体通过角色形成自我概念，获取相应的社会地位和社会回报；社会通过角色赋予个人相应的权利、义务、责任和社会期望。老年人的角色变化表现为角色丧失或中断，由此引起老年人心理失衡，进而损害其健康状况。比如，劳动角色向供养角色转换，容易让老年人产生经济危机感；决策角色向平民角色（例如，"家长"角色转换为被照顾角色）转换，容易让老年人产生寂寞感和"被抛弃感"；工具角色向感情角色转换，不再担负社会公职，致使性别角色模糊及老年夫妻冲突；父母角色转换为祖父母角色；遭遇多重"突然失去"的威胁，如，子女情感支持的突然失去、健全身体的突然失去、配偶的突然失去。这一切对老年人而言都是新问题，这就需要通过继续社会化，加强学习，提高修养，自我调节等来予以解决。

角色是个人以自身对社会的贡献满足自身物质需求和精神需求的一种形式，满足程度随角色变更而提高。根据传统理论，人步入老年期理应以享受为生活目标，不再需要社会化。但事实上，老年人的角色伴随着社会环境的变化也发生多种变化。因此，角色理论落脚于个体老年人的行为和洞察力，避开各类理论没有把社会环境视为影响年老过程的重大因素，进行假定。人生有一系列顺序排列的角色，老年人是否能调整好自己安度晚年，取决于他们从年轻和中年时的角色过渡到与老年联系在一起的角色的能力。根据角色理论，当老年人能够从过去的一套角色过渡到与年龄规范匹配的角色时，就能有满意的老年，当人们做不到这一转换，或者不能找到新角色替代老角色时，就会对年老不满。若能与社会中的其他人调整出新角色，便可以预测出老年人能成功地适应老年生活。因此，角色理论认为，老年人适应衰老的途径一是正确认识角色变换的客观必然性；二是积极参与社会，寻求新的次一级角色。将角色理论应用于养老服务，可指导我们制定相关政策，帮助老年人适应并转换角色，顺利度过角色危机。

（二）活动理论

活动理论认为，人进入老年期所扮演的非强制性角色越多，就越不会因为失去了某个强制性角色而情绪低落。当处于成年期时，这些强制性角色往往置于首位。因此，老年人应该积极参与社会，只有参与才能让老年人重新定义自我，永葆生命活力。基于下面四个假设：老年人的自我认识需要形成于社会活动中；老年人的角色丧失越多，参与的活动越少；角色的稳定性是自我认识的稳定性的来源；自我认识越清楚，生活满意度就越高。这四个假设阐明了活动理论与角色理论的一种逻辑联系，即生活满意度源于清晰的自我认识，自我认识源于新的角色，新的角色源于社会参与度。

活动理论主张调整自己的行为以适应社会，而不是社会做出调整来适应老年人的理论。活动理论预测能与社会环境保持积极互动关系的老年人最可能有成功的老年。如果老年人退出社会活动，他们更容易抑郁，对年老不满像角色理论一样，这一理论认为个人对老年满意与否取决于各个老年人自己。从理论上讲，很少有人会反对这一点。有目的的活动有助于老年人更好地把握与社会环境的关系，有助于其有机会获得更多的收获。其积极意义是在很大程度上与我们社会的价值体系相一致，强调老年人参与、活动、与社会的认同。然而，活动理论没能考虑身体健康问题和社会经济方面的限制，这些限制使老年人不可能积极参与到社会生活中；且没有回答个性在老年人参与过程中的作用，不能有效地解释个人经历与老年人晚年活动需求的关系。相互作用理论与活动理论的相同之处在于强调老年人的社会参与作用，认为积极的社会参与能促进自我认知的发展，能保持鲜活的生命力。如果应用到居家养老发展中，只要为老年人的社会参与提供机会，老年人的自我价值就会得以实现。

（三）脱离理论

脱离理论是老年学家提出的第一个主要理论，又名休闲理论、社会撤退理论。该理论指出老年人年事已高、身心衰弱，应该撤离社会，不再适合继续担任社会角色，这不仅有利于老年人，而且有利于社会。老年人不可避免和社会相互脱离，导致他们与其他社会成员的相互作用越来越弱，老年人本身或处于这种环境的其他人均有可能触发这个过程。[1]因此，老年人的脱离过程具有普遍性和不可避免性，既可由老年人启动，也可由社会启动。老年人与某些人保持密切关系，意味着与另外一些阶层的人疏远，有可能从一开始，随着与他人的疏远，老年人对自己就更加关注。在此过程当中，个人与社会之间在中年时期存在的平衡就会让位于新的平衡，其特征就是相互关系更加疏远，这就需要社会采取必要手段促进其撤离，或让老年人自动退入以个人为中心的生活。

脱离理论与活动理论相互对立，它把对社会的作用重心从个人转到年老层面，变老是在广大的社会背景下发生的，因此，要理解年老就需要厘清它与年轻人的关系。脱离理论指出，在社会或者政治权力从一代人移交给另一代人过程中，就会发生社会和个人之间的双向脱离。老年人脱离了社会中的积极角色，接受被动角色，腾出空间让年轻人有发展的机会，这就是对年老的调适，强调了互相脱离关系的调适性质。它并不意味着老年人对此过程会感到高兴，而仅仅表示一种适应性的调整。依据这种观点，脱离从根本上看对社会和个人均最有益处，其在一定程度上反映了老年期社会老龄化的事实，总结了老年人口与社会互动关系的特征。但其忽视个性差异、地位差异、脱离造成的弊端、脱离的文化特征、老年人口现象的复杂性、社会性，这会给老年人带来更为封闭矛盾的世界，引发更大的矛盾。

---

[1] 曾富生．老年社会理论与"老"的探讨[J]．西部学刊，2020（第24期）：65—67．

（四）连续性理论与次文化理论

连续性理论以个性化研究为出发点，重点探究老年人晚年生活的差异性，认为不同年龄层次的人群有不同的个性与生活方式。其中，个性在适应衰老时扮演着重要角色；通常情况下老年期的生活方式是中年期的延续，即中年期的生活方式在很大程度上会影响老年期生活方式。这一观点用个性特征很好地解释了个体社会老龄化的差异性，有效弥补了脱离理论和活动理论的不足。个性是发展的，个性的变化与社会变化有着密切的关系。

次文化理论也称老年亚文化群理论。由于法定的退休制度，老年服务设施、活动场所以及公寓的兴建，人口老龄化导致老年人数量迅速增加。老年群体有相同的背景、问题和利益等，便形成了老年亚文化群。这一观点最初是为了探究老年群体的共同特征，老年亚文化群是老年人重新融入社会的最优途径。当同一领域成员之间的交往超出和其他领域成员的交往便会形成一个亚文化群，老年人口群体正是符合这一特征，其指出了老年人活动和地位的一般特征。老年人加入老年人的次文化群体，发展出有别于主流文化的亚文化，可使老年人保持自尊，保持较高的士气。但忽视其不稳定性，当老年人数量和交往增加时，老年人不再局限于现有的社会地位，部分老年组织开始组建，就构成了潜在的社会势力。

（五）年龄分层理论

年龄分层理论以基于社会学创立的角色、地位、规范化、社会化，探究了年龄群体的地位，分析了在特定社会背景下年龄的含义，力图构建一个包括整个人生的老龄化概念以及老年人社会地位的总体框架图。[①] 年龄分层理论重点剖析了年龄与责任、年龄与角色的关系，表明年龄是一个带有普遍性的标准，而不是一种个人特征；换言之，年龄是现代社会中重要的一个动态成分。如果人们的年龄从一个层次转化到另一个层次，那么社会赋予人们的角色与责任也会发生对应的变化。角色和年龄之间有某些联系（一种相关关系），尽管二者并非完全对应。针对个体情况来说，之间的差异性是主要的，角色与年龄表现为矛盾与统一。

年龄分层理论中有四个要素：第一，一个群体由不同人组成，这个群体能

---

① 纪红．年龄分层理论与精准为老服务［J］．中州大学学报，2019（第1期）：70—73．

够按照年龄或其他标准划分为若干个子群体,比如,"同期群"(处于同期群中的人)。一方面要求处于生命过程的同一阶段;另一方面要求拥有共同的历史和社会背景,因为有共同历史和经历的同期群人通常具有相同或相似的观点,即同期群的三个主要特征是年龄、经历、观念。第二,不同年龄层对社会的贡献、反应能力、社会责任不同。年龄层的能力及其贡献会受到健康状况、经济发展、文化观念、技术水平等方面的影响。第三,在社会作用表现方面,年龄既可以直接起作用,也可以间接起作用。年龄层和其应承担的社会作用之间的关系是灵活的而不是一成不变的,对社会发展有着重大意义,同时也体现着社会发展对年龄层的需求状况。第四,与年龄有关的期望。这里的期望代表着一种公众意识,公众共同的认可度,以上四要素充分体现了生理人与社会人之间的关系。通常情况下,生理人中的年龄、能力和社会人中的角色、期望应是一致的,但是在实际的运转过程中,差异性与不协调性依旧很明显。

此外,该理论探讨了内外干预因素,认为群体流动(促使年龄层次形成的各种因素其中最主要的是出生率、死亡率和迁移)和老龄化等内在因素、分配(指给各种年龄的人分配和再分配合适角色的过程)和社会化等外在因素也影响着分化。但过分狭隘地主要根据按年月计算的年龄或生命阶段来评价年龄,忽视其他因素;对个体老龄化的特征、因素分析尚嫌薄弱,对影响老龄化过程的一系列外因过程也未详加论述。

(六)相互作用理论

相互作用理论,主要研究个体、环境和它们之间的相互作用对老龄化产生什么样的影响。这一理论涉及象征性相互作用理论、标志理论以及社会损害理论等内容。象征性相互作用理论强调了社会环境模式中三个关键要素:重视起源于特定环境的规范期望;重视个人交往作用能力;重视特定环境下的能力与期望之间主观评价的一致性。生态学说强调在社会体系内的角色选择和个人调节之间的相互作用。标志理论强调人们认识自我源于在社会环境中与他人的交往,即自我认识源于交往模式,其中,交往模式以最小的代价最大的酬报为原则。其实质是以个体拥有的资源量为基础。交往模式的变化会直接作用于自我概念的形成,社会重建理论与社会损害理论主要指已有心理问题的个体产生的消极反馈。这个循环一旦开始,就会强化无能意识,从而导致更多的问题。后者则认为可以干预这个循环，中断这种进行性的损害，增加老年人的自信心和独立意识。

相互作用理论，主要探究个人和环境相互作用对老年社会产生怎样的影响，主张环境会影响老年个体的生活水平和生活满意度，国家应该尽量创造出更加良好的环境来促进老年人的社会参与，提供其参与社会生活的机会，以减少老年人在某些社会环境中的孤独感、失落感。罗伯特·哈维格斯特是活动理论的代表，认为个人不能脱离社会而存在，提倡社会嵌入理论追求适度社会化，个人行动嵌入到特定的社会关系网络之中，从而通过社会关系网络来获取社会支持。社会嵌入理论主张老年人应当继续参与社会化，便于实现老年人的适度社会化，居家养老服务为老年人参与社会、继续社会化提供了很好的平台与机遇。

（七）其他有关理论

1. 交换理论

交换理论旨在说明年龄层次中的结构性不平等，进而分析老年人地位下降的原因。这一理论基于行为心理学、功利主义经济学，社会互动是一种双方交换行为，每个人都有不同的自我需求和资源资本，社会互动就是借助资源交换来满足自我需求，资源交换不是随意的，是个人与个人之间在交换过程中对利润和成本、取与给的计算与运用，老年人地位下降的原因就是缺少可交换的资源和价值，只能扮演屈从和依赖的角色。因此，如何保持现有的资源资本是提高老年人地位的根本。力求最大限度地增加老年人的权力资源，制定与老年人相关的政策和社会服务，从而实现老年人在社会互动中的互惠性、活动性和独立性。

2. 标签论

标签论指出人们总是按照他人对自己的看法来认识自我，从而形成自我概念，强调社会对个人的标定相当重要，社会把老年人标定为衰弱、无能，对老年人的自我认识产生消极影响老年人遭受有关老化的社会成见的侵害，可能产生角色迷失。当老年人伸手求援，就会被社会认为是能力衰退的表现，外界的反应会影响到老年人的自我观念，老年人就会逐步接受社会所给予的标定，陷入依赖地位，长此以往老年人就越陷越深。

3. 现代化理论

现代化理论认为现代化社会与老年人的关系具有双重性：一方面会削弱老年人的社会地位；另一方面又促进了人口老龄化和老年人数的增加。

4. 人格持续性理论

该理论认为人格是个体特殊的思想、感觉和自我关照的模式。个人的人格模式具有相当的稳定性。正常的情况下人格不会随年龄而出现显著断裂，会加强其持续性。主要强调个体人格在衰老过程中所起的作用，如果对人格的过分强调，就会导致抹杀了人的个性改变的可能性。对人格持续性的强调是基于老年人保持中年时的生活态度和生活方式这一假设前提，这种理想化状态对于许多老年人来说是不可能的。

所谓的"固定现实"状态是不存在的，日常生活通常是建立在自己赋予的意义上，不可能对所有人来说都一样。人们创建了自己的现实，同时这些现实会随着时间的改变而转换。比如，一个年轻人可能会认为自己的生活世界就是要对工作和家庭尽责，那么他的思想观点就决定了他对人对事的态度以及如何排列各种活动的优先顺序，即人们按照自己想法建构的现实能解释他们的所作所为。如果老年人认为晚年生活应该偏重内省、减少活动，那么他就会根据自己的想法去实践。如果老年人把这一时期看成是自己想做事务的大好时机，那么就更可能偏向增加活动。这一理论主张老年生活反映个人对这一人生阶段的看法，而不是把老年看成有固定取向来判断老年是发挥功能还是功能失调、是健康还是病态。

社会建构主义者侧重于人们如何看待自己的经历，而不太注重老年人的调适形态。社会科学家采用个人访谈法，收集关于"老年人如何界定自己的老年现实"的社会线索。社会建构主义认为每个人会根据自己的社会认识来界定，那么年老和其后的调适就是独特的个人过程。

假设社会现实是人为建构的，对于那些老年社会工作者就要接受挑战，尽量了解老年人建构的现实是什么以及如何看待其发挥作用的世界，这样才能更有效地帮助老年人参加契合他们世界观的活动。

5. 血亲价值理论

血浓于水，中国几千年的家庭代际关系是靠血亲延续的。因此，对在家庭养老中发展而来的居家养老研究需要用血亲价值观点来解释。该理论为中国人民大学姚远提出。他认为,血亲价值论由血亲关系、人生价值、心理定式三部分组成。[①] 血亲关系是血亲价值论的基础,人与人的关系有血缘、地缘、社会等,血缘关系具有天然性、终生性和自我性,即血亲关系不可选择和不可回避,与生命共存,多方自我认同在不同文化背景的社会中,自我认同感的强弱有所不同,但由于家庭在中国社会中的特殊地位,中国社会的血缘认同感往往不会因社会形态的演变而变化,"家"的认同非常强烈。血亲价值的本质是人生价值。人们对生命价值或意义的总体看法,即人生价值观会直接影响到人们的行为模式、心理模式,并影响对代际关系的处理方式。[②] 社会经济发展水平会影响人生价值的选择,但针对家庭和个人,传统文化因素的影响仍起一定作用。在一定条件下,通常会把维护血亲关系、履行血亲责任、实现血亲利益当作人生目标,弱化代际关系中的经济原则、经济价值,弱化自我发展的动力、个人利益和个人价值。就根本而言,人们的代际观念和行为方式主要是由其生存需求、经济需求所决定。从社会人角度看,人一旦接受了某种价值观念,就会按照既定的价值准则替代经济因素来行事。这种围绕血亲关系构建的心理定式、精神约束和行为方式,即如此会从生物层面上升到价值层面,指导人们的行为范式。

从血亲价值论来看,虽然各国文化差异大,但近年来世界各国尤其工业发达国家,老年人仍有九成以上选择居家养老。从伦理与文化角度,居家养老均为各国老年人最喜欢的养老方式。根据中国儒家文化的伦理原则,基于血缘关系的责任高度决定了家庭养老的长期性。但近几十年独生子女出现,家庭结构、年轻结构的巨变,传统家庭养老资源及血缘伦理动力维持饱受冲击,纯粹的家庭支撑老年人养老承载艰难,需要社会扶助支持,发挥各方面力量,建立多元化的养老体系,为以家庭为核心的居家养老提供基础和保障,解决中国的养老问题。

C. 差序格局理论

差序格局理论为已故社会学家费孝通根据对中国农民生活深入细致的观察而在《乡土中国》提出的,他认为中国乡土社会是以己为中心的"差序格局"。即"以己为中心,像石子一般投入水中,和别人所联系成的社会关系,不像团

[①] 姚远. 血亲价值论:对中国家庭养老机制的理论探讨 [J]. 中国人口科学, 2000,(第6期):29—35.
[②] 姚远. 中国家庭养老内容 [M]. 北京:中国人口出版社,2001:77—79.

体中的分子一般，大家立在一个平面上的，而是像水面波纹一样，一圈圈推出去，越推越远，也越推越薄"①。这个"差序格局"中的"己"，不是单纯独立的个体自己，而是从属于家庭，被家庭和血缘裹着的社会个体，且如圆圈一样有区别：相对于旁系血亲群体，直系血亲群体便是己；相对于"蜗亲关系"，血亲关系便是己；相对于陌生人，熟人便是"己"，相对于"外乡人"，同乡便是"己"。

费孝通所揭示的以"以己为中心"的差序格局实质是血缘关系为中心，其所形成的人际关系具有排他性，其差序不仅体现在关系结构上，更是体现在伦理道德的情感、意义上：人际交往中，血缘关系越近，接纳就越容易，人际关系就越亲密；距离"己"的中心越远，就易被人排斥，关系相对淡薄。

根据该差序格局理论，居家养老体系的构建必须尊重其缘于血缘的差序格局，支撑养老体系的，既需要基于法律制度的社会保险、社会福利、社会救济、优抚安置等政府支持，也需要基于道德人际关系的配偶、子女、亲属、朋友、社会团体、邻居、非政府组织等提供的非正式支持，且在非正式支持体系中，人际关系与养老责任正相关，养老第一责任人是配偶和子女，他们的养老责任最大，当老年人接受人际关系越近的人的帮助越无心理负担。所以，血缘关系、社会关系、地缘关系共同构成了一个同心圆，用来反映由近及远的人际关系。居家养老的血缘关系以家庭为圆心，逐渐扩大到邻居、社区等社会关系和地缘关系。

三、养老服务产业理论

产业在经济学上的意义主要指国民经济中按照一定的社会分工原则、为满足社会某种需要而划分的、从事产品和服务生产及经营的各部门。抽象意义层面而言，产业就是有相同属性的经济活动的集合体；企业层面而言，产业就是同类企业的集合体。养老服务业属于老年人的专门产业，其服务对象特指老年人，产业规模随着老年人口数量和服务需求的增长而增长。养老产业链主要包括养老地产开发为主的上游产业，人力资源开发与老年护理服务为主的中游产业，养老食品、用品生产开发为主的下游产业。养老服务产业化是把社会养老从过去单纯的养老金发放转向服务产业经营的一种形式。它是在国家政策指导下，按照市场机制来配置社会养老服务资源。但养老服

---

① 费孝通. 乡土中国[M]. 上海：上海人民出版社，2006：22—23.

的产业化与其他产业不同，并非完全的以营利为目的的市场化，它保留一定的公益性质。养老服务属于一种系统化服务，而非碎片化、局部性的服务，但真正做好全要素链，则需要步入产业链，西方发达国家在产业化方面起步稍早，但养老服务产业理论与实践仍处于探索阶段。

（一）缘起

养老服务产业化是随着人口的发展变化而逐渐形成的。从20世纪40年代末到20世纪60年代以来，各国人口趋于老龄化，社会福利性质的养老机构逐渐兴起；到了20世纪70年代，人口老龄化加重，对西方国家的冲击明显增大，用于老年人的财政支出数额加大，制约了经济的发展。因此，西方国家意图通过制定社区照顾服务政策来改变现状，以相关法律和资金为支撑，分别从养老金、住房、医疗、社区服务等方面着手。直到20世纪00年代，人口老龄化对经济发展影响相当严重，为了缓解这一矛盾，西方国家加强了人文主义的养老保险、医疗卫生服务、社区服务和住房供给等服务的整合，进行了系列养老服务政策调整，由以前机构照顾服务渐渐转向以社会形式和社区为基础的照顾服务，重点发展非营利性、商业的养老服务产业，有效降低政府的直接作用，改善了照顾服务的灵活性，扩大了选择个性化的照顾服务机会，促进了社区服务的进一步改革。因此，解决老龄化的重要途径就是开发老年市场。在这种情况下，养老产业市场在西方国家迅速兴起并发展，各种业态的服务业和配套产业兴旺发展，比如，老年用品、老年公寓、老年文化、老年休闲、老年医疗等等。产业化发展使照顾服务更加周到细致，鉴于老年消费群体的支付能力，能不断满足老年消费群体生理、安全、归属和爱等不同需求。

按照世界通行的标准，在21世纪初中国就已经踏入了老龄社会，养老成为我国面临的一个相当严峻的社会问题，但对于其研究则起步较晚。我国于20世纪末首次开展了老龄产业研讨会，中国老龄协会第一次明确公开地提出"老龄产业"概念。其后，根据层次需求提出了"五个老有"理论（老有所养、老有所医、老有所为、老有所学、老有所乐），其中，老有所养是基础，老有所医是保障，老有所为体现老年人社会价值，老有所学展示出老年人文化素质，而老有所乐标志着老年人身心健康。"五个老有"精要概括老年人的全部需求，为养老产业发展商品和服务指明了方向，其核心是通过市场化、社会化手段促进养老产业良性发展。

面对人口结构的老龄化、高龄化和老年人群体的空巢化、失能化的"四化"同存状况,养老服务体系大大滞后于养老服务需求,我国社会面临"未备先老"与"未富先老"的双重挑战,巨大的养老需求为我国的养老服务产业发展带来了广阔空间,从开展居家养老服务的现状来看,内容绝大部分停留在低端水平的一般家政服务,距现代居家养老服务水准相差甚远。以社区服务中心为核心,以社区志愿者为补充,以社区里的医院、调解中心、敬老院、托老所、老年学校、婚介所以及家政服务中心为依托,构建社区养老助老服务体系,旨在为老年人提供系统的、多方位的养老服务。目前,我国居家养老服务企业存在规模小、资金少、缺核心技术、缺自主品牌、管理松散、营销不足、服务质量待提高等问题。

(二)养老产业界定及特点

养老产业就是为老年人提供特殊商品或者服务的一个产业链,包括了老年人衣、食、住、行、用、医、娱、文、教、体等多方面需求,是由老年市场需求拉动而兴起的多产业融合的综合性产业。其界定有三种基本观点:一种认为隶属于第三产业,仅仅包括老年服务业;另一种认为隶属于第二、第三产业,专门生产老年用品或者提供老年服务的企业和部门;还有一种认为其包括于第一、第二、第三次产业中的综合产业体系,随着老年消费市场需求增长推动兴起的产业,主要涉及生产性产业和服务性产业,包括物质层面需求、精神层面需求以及其他特殊需求。养老服务业作为产业链,属于综合性新兴产业,具有以下三个特点:

其一,特殊性,这里主要指服务对象的特殊性。从年龄阶段来看,服务对象针对60岁及以上的老年人。虽然老龄产业所提供的产品、劳务以及就业机会不仅仅只针对老年人,但是老龄产业面对市场竞争时,将主要根据老年人的特征来考虑老年人口的需求,并进行具体运作。

其二,综合性。对老龄产业而言,综合性主要体现在产业体系综合性和市场体系综合性。第一,产业体系综合性。老龄产业横跨了第一、第二、第三产业,它的经济实体部分属于第一产业(例如,农业部门中特地为老年人提供副食的企业),部分隶属第二产业(例如,为老年人提供服装、助听器的企业),

还有部分隶属第三产业（如，婚介所）。第二，市场体系综合性。老龄产业市场体系中包含许多专门服务于老年人的子市场，涉及老年人服务市场、日用品市场以及老龄经济实体等众多领域。

其三，微利性。老龄产业与其他产业相比，在单项产品或服务中获得的平均利润率相对较小。由于老龄市场容量巨大，老龄产业总利润较高，这与微利性并不矛盾。同时，微利性并不表示排斥老龄产业市场化，也不等于提倡老龄产业福利化，这正是老龄产业特殊性的重要体现。

（三）养老服务产业化需处理的关系

养老服务产业是一种新型的产业，为促进其良性发展，各国纷纷出台政策法规、建立健全机制来支持养老产业。市场化方面，主要通过不断探索新方法、新途径、新模式，勇于打破传统格局形成新业态。产业服务方面，以产业链促进产业化发展，使养老产业普惠民生。

养老服务产业化严格而言是准市场经济的产业化，需保留一定的公益性。养老产业是指以养老服务为中心环节，为老年人提供衣食住行用医娱学保险、通信等物质、精神生活服务产品的一个产业，最显著的特征是通过市场配置资源，实现市场化运作。养老产业是整个国家社会福利事业的重要构成，需要多样化方式推进其发展，可以通过国家直接包办和产业化两种方式来做大做强。养老产业良性发展，能够使老年人物质、精神生活的日益丰富，共享社会文明发展成果，并且也促进了养老事业的发展，为养老事业发展开辟广阔的新道路。

养老产业与社会福利社会化的关系。在计划经济时期，社会福利由国家出资操办，但随着老龄化社会的来临，政府养老负担日益严峻，为此，民政部提出社会福利社会化的发展思路。社会福利社会化就是投资主体多元化，运行机制市场化，服务对象公众化，服务方式多样化和服务队伍专业化。即在新形势下，社会福利不应由政府包办，而应发动社会力量共同参与，推进福利事业的市场化和产业化。发展养老产业除了完全包含社会福利社会化的内涵外，着重突出了养老产业相对独立的整体市场。因此，养老产业是社会福利社会化的延伸和深化，是养老事业系统化、集约化发展。发展养老产业，有助于社会福利社会化的进一步落实。

养老产业与老年福利的关系。老年福利是社会福利的一部分,尊重、照顾、帮助老年人是我国《宪法》确立的基本原则,也是宪法规定的老年人的一项基本权益。因此,发展养老产业与老年福利并不矛盾。养老产业是为实现老年福利,为老年人服务的具体手段、方式。发展养老产业并不排斥老年福利性原则。养老产业是为老年福利服务的,其前提是围绕老年福利去发展,维护老年人享受福利的基本权益。

政府责任与产业化关系。发展社会福利事业是政府的重要责任,但责任并不意味着所有都由政府出资包办。促进养老服务产业化,政府必须得担负起社会公共管理责任,以制定产业政策为重点,积极团结各种社会力量。但是,推进社会福利产业化并不意味着政府的责任转移,而是为促进社会福利事业的发展开辟一条新道路,多一个运行载体。政府不仅仅需要制定政策、鼓励社会参与,还应该随着经济增长增加对养老产业的财政投入,更好地发挥引导和示范作用。

第二章 基本养老保险的基本内容

第一节 基本养老保险制度概述

《中华人民共和国社会保险法》(以下简称《社会保障法》)虽然已将基本养老保险覆盖到全体国民,但职业性养老保险,即与劳动关系相关联的职工养老保险,仍然是中国基本养老保险制度体系的主体内容。根据《社会保险法》的规定,职工应当参加基本养老保险,无雇工的个体工商户、未在用人单位参加基本养老保险的非全日制从业人员以及其他灵活就业人员可以参加基本养老保险。因此,职工基本养老保险的覆盖对象主要包括职工和灵活就业人员两种。职工与用人单位之间存在比较规范和稳定的劳动关系,所以参加基本养老保险是强制性的要求,而灵活就业人员的劳动关系通常都是不规范和不稳定的,所以参加基本养老保险是选择性的安排。

一、制度模式与基金筹集

《社会保险法》明确规定:基本养老保险实行社会统筹与个人账户相结合;基本养老保险基金由用人单位和个人缴费以及政府补贴等组成。因此,我国职工基本养老保险的基本模式被称为"统账结合"模式,即分别设立社会统筹基金和个人账户基金。根据现行政策,我国基本养老保险筹资方式采取征费制,基本养老保险资金主要来源于企业缴费与劳动者个人缴费,企业缴费全部计入社会统筹账户,个人缴费全部计入个人账户。

所谓"统筹基金",就是在一定的范围内,统一筹划社会保险基金的征缴、管理和使用;每个统筹区各自负责本区域社会保险基金的平衡,结余主要归本统筹区支配和使用,缺口一般都需要本级政府和本级财政填补。基本养老保险统筹基金是指由养老保险管理机构在一定范围内统一征集、统一管理、统一调剂使用的养老保险基金。《社会保险法》规定:基本养老保险基金逐步实行全国统筹,其他社会保险基金逐步实行省级统筹,具体时间、步骤由国务院规定。依据《社会保险法》的规定及现行的养老保险政策,我国基本养老保险统筹基金主要来自以下四个部分:一是用人单位为其职工缴纳的全部基本养老保险费(以下简称单位缴费);二是城镇个体工商户等灵活就业人员缴费的一部分;三是政府公共财政补贴;四是结余资金产生的利息或运营收益。

(一)单位缴费

《社会保险法》规定:用人单位应当按照国家规定的本单位职工工资总额的比例缴纳基本养老保险费,记入基本养老保险统筹基金。基本养老保险缴费基数和缴费比例的不同规定。第一,用人单位的缴费基数和缴费比例:关于缴费基数,有的地方以企业工资总额为缴费基数,如辽宁、吉林、河南、浙江等多数省、市;有的地方以全部职工缴费工资之和为基数,如北京、天津、深圳等部分省、市。用人单位缴纳基本养老保险费的比例,一般不超过企业工资总额的20%,具体比例由省、自治区、直辖市人民政府确定。用人单位缴纳的社会保险费计入基本养老保险统筹基金,用于当期的基本养老保险待遇支付,实行现收现付。第二,职工个人的缴费基数和缴费比例:职工个人按照本人缴费工资的8%缴费,计入个人账户,缴费工资为本人上一年度月平均工资。月平均工资超过当地职工平均工资300%以上的部分,不计入个人缴费工资基数;低于当地职工平均工资60%的,按60%计算缴费工资基数。职工个人缴纳的养老保险费全部计入个人账户,形成个人账户基金,用于退休后个人账户养老金的发放。

(二)城镇个体工商户等灵活就业人员缴费的一部分

《社会保险法》规定:无雇工的个体工商户、未在用人单位参加基本养老保险的非全日制从业人员以及其他灵活就业人员参加基本养老保险的,应当按照国家规定缴纳基本养老保险费,分别记入基本养老保险统筹基金和个人账户。按照我国现行政策,我国城镇个体工商户和灵活就业人员的缴费基数为当地上年度在岗职工平均工资，缴费比例为20%，其中，8%计入个人账户，其余部分计入社会统筹账户。

（三）政府公共财政补贴

《社会保险法》规定：国有企业、事业单位职工参加基本养老保险前，视同缴费年限期间应当缴纳的基本养老保险费由政府承担；基本养老保险基金出现支付不足时，政府给予补贴。因此，我国政府公共财政对于职工基本养老保险基金的补贴主要存在两种情况：一是国有企业、事业单位职工参加基本养老保险前"视同缴费年限"期间（视同缴费年限是我国城镇职工基本养老保险制度改革中出现的一个专业术语，指职工全部工作年限中，其实际缴费年限之前的按国家规定计算的连续工龄。这一术语适用于基本养老保险制度实施前参加工作、实施后退休的人员）的基本养老保险费；二是基本养老保险基金支付不足时的政府补贴。

二、个人账户管理

个人账户既是职工参加基本养老保险及其缴费情况的记录凭证，也是职工在符合国家规定的退休条件并办理了退休手续后领取基本养老金的主要依据。已经参加基本养老保险的职工每人都拥有一个终身不变的个人账户。个人账户内容包括两个方面：一是个人账户基本信息，包括姓名、性别、出生年月、社会保障号码、参加工作时间、社会保险编号、建户人、建户时间、工作单位变更情况、社会保险关系变更情况；二是个人缴费记录信息，包括首次缴费时间、缴费年限与视同缴费年限、个人缴费工资基数、当年缴费月数、当年记账利息、个人账户累计储存额等。

（一）个人账户的建立

个人账户的建立由职工劳动关系所在单位到当地社会保险经办机构办理，该单位应按照各级社会保险经办机构的要求建立、健全参保职工的基础资料，到当地社会保险经办机构办理基本养老保险参保手续，并按要求填报《参加基本养老保险单位登记表》《参加基本养老保险人员缴费情况表》和《参加基本养老保险人员变化情况表》；由工资发放单位向社会保险经办机构提供个人工资收入等基础数据。社会保险经办机构根据单位申报情况将数据输入计算机管理，同时相应建立参保单位缴费台账、职工基本养老保险个人账户，并根据《参加基本养老保险人员变化情况表》，相应核定调整单位和职工个人缴费工资基数。个人账户建立时间从各地按社会统筹与个人账户相结合的原则，建立个人账户时开始；之后新参加工作的人员，从参加工作当月起建立个人账户。用人单位应从招工之月起，为职工缴纳基本养老保险费（试用期也应缴纳），建立基本养老保险个人账户，直到解除或终止劳动合同。用人单位未按规定与职工签订劳动合同的，只要存在事实劳动关系，也同样应为职工建立基本养老保险个人账户。

（二）个人账户的记账

《社会保险法》规定：职工应当按照国家规定的本人工资的比例缴纳基本养老保险费，记入个人账户；无雇工的个体工商户、未在用人单位参加基本养老保险的非全日制从业人员以及其他灵活就业人员参加基本养老保险的，应当按照国家规定缴纳基本养老保险费，分别记入基本养老保险统筹基金和个人账户。由此可见，个人账户的记账包括两种情况：一是有用人单位的职工，个人缴费全部计入个人账户；二是无雇工的个体工商户、未在用人单位参加基本养老保险的非全日制从业人员以及其他灵活就业人员的缴费的一部分计入个人账户。

1. 记账比例

在1998年1月1日到2005年12月31日期间，个人账户的记账比例统一为本人缴费工资基数的11%。从2006年1月1日起，个人账户的记账比例由本人缴费工资的11%统一调整为8%，全部由个人缴费形成，单位缴费不再划入个人账户。城镇个体工商户和灵活就业人员的缴费基数为当地上年度在岗职工平均工资，缴费比例为20%，其中，8%计入个人账户。对2006年前参加工作的职工还应至少包括2006年、1997年两年个人缴费部分累计本息；对2006年、1997年参加工作的职工，个人账户储存额应包括自参加工作之月到1997年底的个人缴费部分累计本息。

2. 记账基数

记账基数即缴费工资基数，职工本人一般以上一年度本人月平均工资为个人缴费工资基数(有条件的地区也可以本人上月工资收入为个人缴费工资基数,下同)。本人月平均工资低于当地职工平均工资60%的,按当地职工月平均工资的60%缴费;超过当地职工平均工资300%的,按当地职工月平均工资的300%缴费,超过部分不记入缴费工资基数,也不记入计发养老金的基数。

3. 记账利率

个人账户储存额(包括本金和利息)每年参考银行同期存款利率计算利息,用于计算个人账户储存额利息的利率称为个人账户记账利率。根据国务院发布的《关于深化企业职工养老保险制度改革的通知》文件规定,个人账户利率的确定主要参考以下三个方面:一是根据银行的居民定期存款利率;二是参考当地上一年度职工平均工资增长率确定;三是按照养老保险基金运营的实际收益确定。

《社会保险法》明确规定,个人账户的记账利率不得低于银行定期存款利率,免征利息税。

4. 年度记账

年度记账包括年度累计额记账和年度余额记账两种。

(1)年度累计额记账

即每个缴费年度末个人账户累计储存额的记账,其记账方法有两种,分别是"年度计算法"和"月积数计算法"。

年度计算法是至本年底止个人账户累计储存额在每个缴费年度结束以后按年度计算(以上年月平均工资为缴费工资基数记账时适用此方法)。其计算公式是:

至本年底止个人账户累计储存额=上年底止个人账户累计储存额×(1+本年记账利率)+本年记账金额×(1+本年记账利率×1.083×1/2)

月积数计算法是至本年年底止个人账户累计储存额在一个缴费年度内按月计算(以上月职工工资收入为缴费工资基数记账时适用此方法)。其计算公式是:

至本年底止个人账户累计储存额=上年底止个人账户累计储存额×(1+本年记账利率)+本年记账额本金+本年记账额利息

其中,本年记账额利息=本年记账月积数×本年记账利率×1/12;本年记账月积数=Σ[n月份记账额×(12-n+1)](n为本年各记账月份,且

$1 \leq n \leq 12$）

（2）年度余额记账

职工退休后，其个人账户缴费情况停止记录，个人账户在按月支付退休金（含以后年度调整增加的部分）后的余额部分继续计息。个人账户年终记账余额应为支付退休金后所剩余额与本年利息之和。年利息的计算方法也由年度计算法和月积数计算法两种。

年度计算法就是退休人员个人账户余额生成的利息在每个支付年度结束后按年度计算（支付年度内各月支付的养老金数额相同时适用此方法），其计算公式如下：

年利息＝（个人账户年初余额－当年支付养老金总额）× 本年记账利率 ＋ 当年支付养老金总额 × 本年记账利率 ×1.083×1/2

个人账户年终余额＝个人账户年初余额－当年支付养老金总额 ＋ 年利息

月积数计算法就是退休人员个人账户余额生成的利息在每个支付年度内按月计算（支付年度内各月支付的养老金数额不同时适用此方法），其计算公式如下：

年利息＝个人账户年初余额 × 本年记账利率 － 本年度支付月积数 × 本年记账利率 ×1/12

本年支付月积数＝Σ[n 月份支付额 ×（12-n+1）]（n 为本年各支付月份，且 $1 \leq n \leq 12$）

个人账户年终余额＝个人账户年初余额 － 当年支付养老金总额 ＋ 年利息

（三）个人账户的支取

个人账户主要用于向符合享受基本养老金条件的参保人支付个人账户养老金，所以《社会保险法》明确规定"个人账户不得提前支取"。人力资源和社会保障部发布的《实施〈中华人民共和国社会保险法〉若干规定》进一步规定：职工基本养老保险个人账户不得提前支取；个人在达到法定的领取基本养老金条件前离境定居的，其个人账户予以保留，达到法定领取条件时，按照国家规定享受相应的养老保险待遇，其中丧失中华人民共和国国籍的，可以在其离境时或者离境后书面申请终止职工基本养老保险关系；社会保险经办机构收到申请后，应当书面告知其保留个人账户的权利以及终止职工基本养老保险关系的后果，经本人书面确认后，终止其职工基本养老保险关系，并将个人账户储存额一次性支付给本人。

（四）个人账户的继承

职工基本养老保险个人账户具有强制储蓄性质，是属于个人所有的。《社会保险法》明确规定：个人死亡的，个人账户余额可以继承。人力资源和社会保障部发布的《实施〈中华人民共和国社会保险法〉若干规定》规定：参加职工基本养老保险的个人死亡后，其个人账户中的余额可以全部依法继承。因此，职工在职期间死亡、在离退休前死亡或者在离退休后死亡，其基本养老保险个人账户储存额尚未领取或未领取完时可以继承，继承额为其死亡时个人账户中的全部储存额。继承额一次性支付给死亡者生前指定的受益人或法定继承人。个人账户的其余部分，并入社会统筹基金。个人账户处理完后，应停止缴费或支付记录，予以封存。具体的继承顺序，依照《中华人民共和国继承法》的相关规定执行。如确实没有合法继承者，基本养老保险个人账户的余额部分并入基本养老保险社会统筹基金中使用。

三、养老保险待遇给付

根据《社会保险法》的规定，我国职工基本养老保险待遇主要包括三大部分，所需资金均从基本养老保险基金中支付。第一，基本养老金；第二，丧葬补助金和遗属抚恤金：参加基本养老保险的个人，因病或者非因工死亡的，其遗属可以领取丧葬补助金和抚恤金，由于失业保险、工伤保险都有关于丧葬补助金的规定，故《社会保险法》的规定：个人死亡同时符合领取基本养老保险丧葬补助金、工伤保险丧葬补助金和失业保险丧葬补助金条件的，其遗属只能选择领取其中的一项；第三，病残津贴：在未达到法定退休年龄时因病或者非因工致残完全丧失劳动能力的，可以领取病残津贴。其中，基本养老金是最主要的养老保险待遇项目，下面详细介绍一下基本养老金的待遇给付问题。

（一）基本养老金的享受条件

《社会保险法》规定：参加基本养老保险的个人，达到法定退休年龄时累计缴费满15年的，按月领取基本养老金。因此，享受基本养老金待遇的条件主要有两个：一是达到法定退休年龄；二是累计缴费满15年。

1. 法定退休年龄

我国现阶段关于国家机关、事业单位和企业工作人员正常退休的年龄条件，主要依据是国务院发布的《关于颁发〈国务院关于安置老弱病残干部的暂行办法〉和〈国务院关于工人退休、退职的暂行办法〉的通知》，根据规定：男工人和干部年满60岁，女工人年满50岁、干部满55岁，连续工龄满10年者，可以享受退休待遇。可见，我国目前法定的正常退休年龄为男满60岁，女工人满50岁、女干部满55岁。

2. 累计缴费满15年

《社会保险法》同时规定：参加基本养老保险的个人，达到法定退休年龄时累计缴费不足15年的，可以缴费至满15年，按月领取基本养老金；也可以转入新型农村社会养老保险或者城镇居民社会养老保险，按照国务院规定享受相应的养老保险待遇。根据人力资源和社会保障部发布的《实施〈中华人民共和国社会保险法〉若干规定》规定，参加职工基本养老保险但累计缴费不满15年的参保人可以有如下四种选择：

一是延长缴费至满15年：参加职工基本养老保险的个人达到法定退休年龄时，累计缴费不足15年的，可以延长缴费至满15年，按月领基本养老金。

二是一次性补缴满15年：社会保险法实施前参保、延长缴费5年后（即退休时缴费不足10年的）仍不足15年的，可以一次性缴费至满15年，按月领基本养老金。

三是申请转移保险关系：达到法定退休年龄后，累计缴费不足15年或延长缴费后仍不满15年的，可以申请转入户籍所在地新型农村社会养老保险或者城镇居民社会养老保险，享受相应的养老保险待遇。

四是书面申请终止保险关系：达到法定退休年龄后、累计缴费不足15年或延长缴费后仍不满15年，且未转入新农保或者城镇居民社会养老保险的，个人可以书面申请终止职工基本养老保险关系。社会保险经办机构收到申请后，应当书面告知其转入新型农村社会养老保险或者城镇居民社会养老保险的权利以及终止职工基本养老保险关系的后果，经本人书面确认后，终止其职工基本养老保险关系，并将个人账户储存额一次性支付给本人。

（二）基本养老金的构成

根据《社会保险法》的规定，基本养老金由统筹养老金和个人账户养老金组成；基本养老金的水平要根据个人累计缴费年限、缴费工资、当地职工平均工资、个人账户金额、城镇人口平均预期寿命等因素确定。同时，国家建立基本养老金正常调整机制，根据职工平均工资增长、物价上涨情况，适时提高基本养老保险待遇水平。

统筹养老金，也称基础养老金，计算办法是：以当地上年度在岗职工月平均工资和本人指数化月平均缴费工资的平均值为基数，缴费每满1年发给1%；个人账户养老金的计发办法为个人账户储存额除以计发月数，计发月数根据职工退休时城镇人口平均预期寿命、本人退休年龄、利息等因素确定。具体计算办法如下：

（1）基础养老金月标准＝（当地上年度在岗职工月平均工资＋本人指数化月平均缴费工资）/2×1%×缴费年数；

（2）个人账户养老金月标准＝个人账户储存额÷计发月数；

（3）计发月数根据职工退休时城镇人口平均预期寿命、本人退休年龄、利息等因素确定。

本人指数化月平均缴费工资＝当地上年度职工月平均工资×职工平均工资指数。职工平均工资指数＝（X0/C1+X1/C2+X2/C3+…+Xn-1/Cn）其中，X0、X1、X2……Xn-1为职工退休当年、前1年、前2年……前n-1年的缴费工资；C1、C2……Cn为职工退休前1年、前2年……前n年的当地职工平均工资，n指职工从参加工作起至退休前的缴费年限（含视同缴费年限），不足一年的，按缴费月数除以12换算。

（三）基础养老金的计发规则

我国基本养老金的计发规则可以简要概括为新人新制度、老人老办法、中人逐步过渡。

1. 新人新制度

新人指《关于建立统一的企业职工基本养老保险制度的决定》（以下简称26号文）实施后参加工作、《关于完善企业职工基本养老保险制度的决定》（以下简称38号文）实施后达到法定退休年龄并按国家规定办理退休手续，且缴费年限(含视同缴费年限,下同)累计满10年的人员。这类人员退休后的养老待遇为：按月发给基本养老金,其计算公式是：基本养老金月标准＝基础养老金月标准＋个人账户养老金月标准。

2. 中人逐步过渡

中人指26号文实施前参加工作、国发38号文实施后达到法定退休年龄并按国家规定办理退休手续,且缴费年限累计满10年的人员。这类人员退休后的养老待遇为：在按月发给基础养老金和个人账户养老金的基础上,再发给过渡性养老金(此外,不少地方还加发调节金等各种补贴),其计算公式是：基本养老金月标准＝基础养老金月标准＋个人账户养老金月标准＋过渡性养老金月标准。过渡性养老金的计发办法为：以退休前本人指数化月平均缴费工资为基数,乘以过渡性养老金计发比例(1.0%—1.4%),再乘以职工个人账户建立以前的缴费年限求得,其计算公式是：过渡性养老金＝退休前本人指数化月平均缴费工资 × 过渡性养老金计发比例(1.0%—1.4%) × 职工个人账户建立以前的缴费年限。

3. 老人老办法

老人指国发26号文实施前已经达到法定离退休年龄并按国家规定办理离退休手续的人员。这类人员退休后的养老待遇为：仍按国家原来的规定发给基本养老金,同时执行基本养老金调整办法。国务院颁发的《关于安置老弱病残干部的暂行办法》和《关于工人退休、退职的暂行办法》对于我国离退休人员的养老待遇,分退休和离休两种情况规定了不同的待遇标准,截至目前仍是我国办理离退休老人养老待遇的基本政策依据。具体规定为：第一,退休待遇。工人和干部退休待遇,按其工龄长短,按月领取退休金,标准一般为本人工资的60%—75%,领取直到死亡为止。特殊行业,如护士、教师退休时工龄达到30年者,领取原工资100%定额退休金。做出特殊贡献者,如获得全国劳模称号、被部队军以上单位授予战斗英雄称号的复转军人,退休时仍保持荣誉者,退休金标准可高于一般标准5%—15%。第二,离休待遇。离休指中华人民共和国成立前参加革命工作、享受供给制待遇的干部和在国统区从事地下工作的人员,以及20世纪40年代以前在解放区工作、享受政府薪金待遇的干部离开工作岗位后享受离休待遇,发给本人退休前工资的100%,20世纪80年代国家又规定,离休干部的养老金除照发原标准工作外,分别不同时期加发生活补贴。

4. 特人特规定

特人指达到法定退休年龄但缴费年限累计不满10年的人员。依据《社会保险法》的规定，这类人员退休后的养老待遇分为两种情况：一是可以缴费至满10年（一次交足或续交至10年），按月领取基本养老金；二是不愿或不能缴费"至满10年"，可以转入城乡居民社会养老保险，按照国务院规定享受相应的养老保险待遇。

（四）基本养老待遇领取地的确定

根据人力资源和社会保障部、财政部制定的《城镇企业职工基本养老保险关系转移接续暂行办法》的相关规定，跨省流动就业的参保人员达到待遇领取条件时，按下列规定确定其待遇领取地：

第一，基本养老保险关系在户籍所在地的，由户籍所在地负责办理待遇领取手续，享受基本养老保险待遇。

第二，基本养老保险关系不在户籍所在地，而在其基本养老保险关系所在地累计缴费年限满10年的，在该地办理待遇领取手续，享受当地基本养老保险待遇。

第三，基本养老保险关系不在户籍所在地，且在其基本养老保险关系所在地累计缴费年限不满10年的，将其基本养老保险关系转回上一个缴费年限满10年的原参保地办理待遇领取手续，享受基本养老保险待遇。

第四，基本养老保险关系不在户籍所在地，且在每个参保地的累计缴费年限均不满10年的，将其基本养老保险关系及相应资金归集到户籍所在地，由户籍所在地按规定办理待遇领取手续，享受基本养老保险待遇。

四、职工基本养老保险关系的转续

《社会保险法》规定：个人跨统筹地区就业的，其基本养老保险关系随本人转移，缴费年限累计计算；个人达到法定退休年龄时，基本养老金分段计算、统一支付。具体办法由国务院规定。根据人力资源和社会保障部发布的《实施〈中华人民共和国社会保险法〉若干规定》的规定，参加职工基本养老保险的个人跨省流动就业，符合按月领取基本养老金条件时，基本养老金分段计算、统一支付的具体办法，按照《国务院办公厅关于转发人力资源社会保障部财政部城镇企业职工基本养老保险关系转移接续暂行办法的通知》执行。依据《城镇企业职工基本养老保险关系转移接续暂行办法》的相关规定，现将参保人员跨省、自治区、直辖市流动并在城镇就业时基本养老保险关系转续流程和基本养老保险资金转移办法分别介绍如下：

（一）基本养老保险关系转续流程

首先，参保人员在新就业地按规定建立基本养老保险关系和缴费后，由用人单位或参保人员向新参保地社保经办机构提出基本养老保险关系转移接续的书面申请。其次，新参保地社保经办机构在15个工作日内，审核转移接续申请，对符合本办法规定条件的，向参保人员原基本养老保险关系所在地的社保经办机构发出同意接收函，并提供相关信息；对不符合转移接续条件的，向申请单位或参保人员作出书面说明。再次，原基本养老保险关系所在地社保经办机构在接到同意接收函的15个工作日内，办理好转移接续的各项手续。最后，新参保地社保经办机构在收到参保人员原基本养老保险关系所在地社保经办机构转移的基本养老保险关系和资金后，应在15个工作日内办结有关手续，并将确认情况及时通知用人单位或参保人员。

参保人员男性年满50周岁和女性年满40周岁，跨省级行政区流动就业的，应在原参保地继续保留基本养老保险关系，同时在新参保地建立临时基本养老保险缴费账户，记录单位和个人全部缴费。参保人员再次跨省流动就业或在新参保地达到待遇领取条件时，将临时基本养老保险缴费账户中的全部缴费本息，转移归集到原参保地或待遇领取地。但经县级以上党委组织部门、人力资源社会保障行政部门批准调动，且与调入单位建立劳动关系并缴纳基本养老保险费的，不受以上年龄规定限制，应在调入地及时办理基本养老保险关系转移接续手续。

农民工中断就业或返乡没有继续缴费的，由原参保地社保经办机构保留其基本养老保险关系，保存其全部参保缴费记录及个人账户，个人账户储存额继续按规定计息。农民工返回城镇就业并继续参保缴费的，无论其回到原参保地就业还是到其他城镇就业，均按前述规定累计计算其缴费年限，合并计算其个人账户储存额，符合待遇领取条件的，与城镇职工同样享受基本养老保险待遇；农民工不再返回城镇就业的，其在城镇参保缴费记录及个人账户全部有效，并根据农民工的实际情况，或在其达到规定领取条件时享受城镇职工基本养老保险待遇，或转入新型农村社会养老保险。

（二）基本养老保险资金转移办法

《城镇企业职工基本养老保险关系转移接续暂行办法》规定：参保人员跨省流动就业转移基本养老保险关系时，按下列方法计算转移资金：

1. 个人账户储存额

1008年1月1日之前按个人缴费累计本息计算转移，1008年1月1日后按计入个人账户的全部储存额计算转移。

2. 统筹基金（单位缴费）

以本人1008年1月1日后各年度实际缴费工资为基数，按12%的总和转移，参保缴费不足1年的，按实际缴费月数计算转移。

第二节 居民基本养老保险

国务院正式发布了《关于开展新型农村社会养老保险试点的指导意见》，在全国范围开始探索建立个人缴费、集体补助、政府补贴相结合的新农保制度。国务院发布《国务院关于开展城镇居民社会养老保险试点的指导意见》，在全国范围内启动建立个人缴费、政府补贴相结合的城镇居民养老保险制度的试点。人力资源和社会保障部发布《关于印发〈城乡居民基本养老保险经办规程〉的通知》，根据《城乡居民基本养老保险经办规程》（以下简称《经办规程》）的规定，城乡居民养老保险经办工作包括参保登记、保险费收缴、基金申请和划拨、个人账户管理、待遇支付、保险关系注销、保险关系转移接续、基金管理、档案管理、统计管理、待遇领取资格核对（即资格认证）、内控稽核、宣传咨询、举报受理等环节。

一、制度模式与基金管理

城乡居民基本养老保险实行社会统筹与个人账户相结合的制度模式，采用个人缴费、集体补助、政府补贴相结合的资金筹集渠道，建立基础养老金和个人账户养老金相结合的待遇支付机制。

（一）基金筹集

城乡居民养老保险基金由个人缴费、集体补助、政府补贴构成：

1. 个人缴费

参加城乡居民养老保险的人员应当按规定缴纳养老保险费。缴费标准目前设为每年100元、200元、300元、400元、500元、600元、700元、800元、900元、1000元、1500元、2000元12个档次。省（区、市）人民政府可以根据实际情况增设缴费档次，最高缴费档次标准原则上不超过当地灵活就业人员参加职工基本养老保险的年缴费额，并报人力资源和社会保障部备案。人力资源和社会保障部会同财政部依据城乡居民收入增长等情况适时调整缴费档次标准。参保人自主选择档次缴费，多缴多得。

2. 集体补助

有条件的村集体经济组织应当对参保人缴费给予补助，补助标准由村民委员会召开村民会议民主确定，鼓励有条件的社区将集体补助纳入社区公益事业资金筹集范围。鼓励其他社会经济组织、公益慈善组织、个人为参保人缴费提供资助。补助、资助金额不超过当地设定的最高缴费档次标准。

3. 政府补贴

政府对符合领取城乡居民养老保险待遇条件的参保人全额支付基础养老金，其中，中央财政对中西部地区按中央确定的基础养老金标准给予全额补助，对东部地区给予50%的补助。地方人民政府应当对参保人缴费给予补贴，对选择最低档次标准缴费的，补贴标准不低于每人每年30元；对选择较高档次标准缴费的，适当增加补贴金额；对选择500元及以上档次标准缴费的，补贴标准不低于每人每年60元，具体标准和办法由省（区、市）人民政府确定。对重度残疾人等缴费困难群体，地方人民政府为其代缴部分或全部最低标准的养老保险费。

（二）保险费收缴

居民养老保险个人缴费实行银行预存代扣制，县社保机构委托合作金融机构办理养老保险费扣缴业务。城乡居民养老保险费实行按年度（自然年度）缴纳，县社保机构结合本地实际确定集中缴费期，根据参保人员选定的缴费档次进行保费收缴。对于在集中缴费期内未能完成缴费的参保人员，应指导其及时办理缴费手续。有条件的地区也可采取由参保人员到金融机构直接进行选档缴费、允许年内多次缴费等形式组织本地区的保费收缴工作。对于暂不具备通过金融机构进行养老保险费扣缴条件的地区，可暂由县社保机构、乡镇（街道）事务所会同金融机构进行收费，并为参保人员开具财政部门统一印制的社会保险费专用收据。采用人工收取保费方式的地区，乡镇（街道）事务所和村（居）协办员应按当地规定时限将保费存入收入户。

1. 缴费档次选择与金额预存

参保人员应自主选择缴费档次，确定缴费金额，于当地规定的缴费期内，将当年的养老保险费足额存入社会保障卡的银行账户或银行存折（卡）。参保人员若需调整缴费金额，应在进行当年缴费前办理缴费档次变更登记手续；当年未变更缴费档次的，按上年度选定的缴费档次进行扣款；当年已经完成缴费后变更的缴费档次将在下一年度扣款时生效。对于达到领取待遇年龄的参保人员，到龄当年可以缴纳本年度的养老保险费。

2. 缴费金额代扣

县社保机构通过城乡居民养老保险信息系统定期生成扣款明细信息，并将信息传递至金融机构。金融机构根据县社保机构提供的扣款明细信息从参保人员银行账户上足额划扣养老保险费（不足额不扣款）。金融机构在扣款后的3个工作日内将养老保险费转入收入户，并将扣款结果信息和资金到账凭证反馈至县社保机构。有条件的地区可实现金融机构与城乡居民养老保险信息系统接口实时传输扣款结果信息。

3. 扣款金额核对

县社保机构应根据金融机构反馈的扣款结果信息和资金到账凭证核对扣款明细信息与实际到账金额是否一致。核对无误后，将扣款金额记入个人账户。县社保机构应按月打印《城乡居民基本养老保险个人缴费收入汇总表》

（两联），并与金融机构当月出具的所有个人缴费资金到账凭证进行核对，确保核对无误。

A. 未交费提醒

县社保机构应及时提示乡镇（街道）事务所将未缴费人员名单反馈给村（居）协办员，村（居）协办员负责对参保人员进行缴费提醒；县社保机构每年年底前应通过信息系统生成下一年度到达待遇领取年龄人员名单。乡镇（街道）事务所和村（居）协办员应提前通知需要补缴的人员办理补缴手续。

B. 缴费补助或资助

村（社区）集体和其他社会经济组织、公益慈善组织、个人对参保人员缴费给予补助或资助的，应向乡镇（街道）事务所提交《城乡居民基本养老保险补助／资助申报表》（以下简称《补助申报表》）。乡镇（街道）事务所初审无误后，将《补助申报表》录入信息系统，并按规定时限将《补助申报表》上报县社保机构。县社保机构复核无误后，打印《城乡居民基本养老保险补助／资助缴费通知单》，通过乡镇（街道）事务所发放给村（社区）集体或相关组织（个人），通知其在规定时限内将补助或资助金额存入县社保机构在金融机构开设的收入户。金融机构在收到款项的3个工作日内，将资金到账凭证反馈至县社保机构。县社保机构收到到账凭证后，应及时将到账凭证与信息系统中的补助（资助）明细信息进行核对，核对无误后，对信息进行确认，将补助（资助）金额记入个人账户。

C. 保险费补缴

新型农村社会养老保险或城镇居民社会养老保险制度实施时，距领取年龄不足10年的参保人员，应按规定逐年缴费，并可补缴至满10年；对距领取年龄超过10年的参保人员，应按年缴费，累计缴费不少于10年。对于没有按规定逐年缴费的，可补缴中断年度的缴费部分，但不享受相应的缴费补贴。补缴养老保险费人员应及时到村（居）委会办理补缴手续，填写《补缴城乡居民基本养老保险费申请表》（以下简称《补缴表》），并将需补缴的保险费存入社会保障卡的银行账户或银行存折（卡）。村（居）协办员应在规定时限内将《补缴表》上报至乡镇（街道）事务所。乡镇（街道）事务所应对参保人员的补缴资格进行审核，审核无误后，将补缴信息录入信息系统，按规定时限将有关材料上报县社保机构。县社保机构复核无误后，通过信息系统生成补缴扣款明细清单，传递至金融机构。县社保机构核对无误后，为参保人员记录个人账户，并按月打印《城乡居民基本养老保险补缴汇总表》，与金融机构当月出具的所有补缴资金到账凭证进行核对，确保核对无误。

（三）基金管理

各级社保机构应按照《财政部人力资源社会保障部关于印发〈新型农村社会养老保险基金财务管理暂行办法〉的通知》和《财政部关于印发〈新型农村社会养老保险基金会计核算暂行办法〉的通知》的规定，加强城乡居民养老保险基金管理。

1. 基金专户

城乡居民养老保险基金收入户、支出户、财政专户应在县人力资源社会保障部门、财政部门共同认定的金融机构开设。收入户用于归集城乡居民养老保险基金，暂存该账户的利息收入及其他收入，除向财政专户划转基金外，不得发生其他支付业务，实行月末零余额管理。支出户用于支付和转出城乡居民养老保险基金，除接收财政专户拨入的基金及该账户的利息收入外，不得发生其他收入业务。支出户应预留1到2个月的周转资金，确保城乡居民养老保险待遇按时足额发放。

2. 基金预算与决算

每年四季度，社保机构应按基金管理层级编制下一年度城乡居民养老保险基金预算草案，该预算草案经同级人力资源社会保障部门审核汇总，财政部门审核后，由财政部门和人力资源社会保障部门联合报本级政府审批，并报上一级财政部门和人力资源社会保障部门。各级社保机构应按照规定时限报送每季度的预算执行情况和分析报告。县社保机构编制及调整基金预算的情况，应及时报上级社保机构。

年度终了后，社保机构应按基金管理层级进行基金决算。社保机构应根据规定的表式、时间和要求编制年度基金财务报告，并在下一年度第一季度内经同级人力资源社会保障部门汇总、财政部门审核后，由财政部门和人力资源社会保障部门联合报本地人民政府审批，批准后的年度基金财务报告同时作为基金决算报告。

3. 财政补助资金的结算和申请

每年年初，县社保机构应根据当地城乡居民养老保险实际参保人口数以及其中60周岁以上参保人口数和缴费补贴标准、基础养老金补贴标准等情况，据实填写《城乡居民基本养老保险补助资金结算申报表》，经同级人力资源社会保障部门会同财政部门审核后，上报至市地社保机构，经市地人力资源社会保障部门和财政部门汇总审核后，由市地社保机构上报至省社保机构，省社保机构向省人力资源社会保障部门和财政部门提出结算上年度补助资金并申请补足本年度补助资金。

省财政部门根据各区市财政和人力资源社会保障部门报送的申请报告，按照各县上年度城乡居民养老保险实际符合补助条件的参保人数，市、县财政资金到位情况等，据实结算上年度省（含中央）财政应补助资金。社保机构应协调县财政部门及时将财政补助资金划拨至财政专户，相关单据提交社保机构记账。社保机构应按月与财政部门、金融机构对账，确保补助金额准确无误，及时足额下拨。

二、参保范围与个人账户

年满16周岁（不含在校学生），非国家机关和事业单位工作人员及不属于职工基本养老保险制度覆盖范围的城乡居民，可以在户籍地参加城乡居民养老保险。国家为每个参保人员建立终身记录的养老保险个人账户，个人缴费、地方人民政府对参保人的缴费补贴、集体补助及其他社会经济组织、公益慈善组织、个人对参保人的缴费资助，全部记入个人账户。个人账户储存额按国家规定计息。参保人死亡，个人账户资金余额可以依法继承。《经办规程》规定了个人账户的具体管理办法：

（一）个人账户记录项目

县社保机构应为每位参保人员建立个人账户。个人账户记录项目应包括：个人基本信息、缴费信息、养老金支付信息、个人账户储存额信息、转移接续信息、终止注销信息等。

（二）个人账户记账办法

个人账户用于记录个人缴费、补助、资助、地方政府补贴、其他补助及利息。参保人员缴纳的养老保险费作为"个人缴费"记入；村（社区）集体和其他社会经济组织、公益慈善组织、个人对参保人员缴纳养老保险费的补助或资助作为"补助（资助）"记入；地方各级财政对参保人员的缴费补助以及对重度残疾人等困难群体代缴的保费以"政府补贴"名义记入。参保人员个人缴费额到账后，县社保机构将个人缴费额和政府对个人缴费的补贴同时记入个人账户。政府对个人缴费的补贴未按时到账产生的利息差，由地方政府补足。个人账户储存额只能用于个人账户养老金支付，除办理注销登记的情况外，不得提前支取或挪作他用。

（三）个人账户计息办法

个人缴费、补助、资助按到账时间记账，从次月开始计息。个人账户储存额应按国家规定计息，目前参考中国人民银行公布的当年1月1日金融机构人民币一年期存款利率计息。若中国人民银行在年内调整一年期存款利率，个人账户储存额计息标准不变。城乡居民养老保险基金存入各商业银行的活期存款按3个月整存整取定期存款利率计息，执行优惠利率。每年的1月1日至12月31日为一个结息年度，社保机构应于一个结息年度结束后对上年度的个人账户储存额进行结息。

（四）个人账户明细查询

参保人员可到县社保机构、乡镇（街道）事务所打印《城乡居民基本养老保险个人账户明细表》。社保机构应当每年至少一次将参保人员个人权益记录单内容告知本人。同时，社保机构可通过政府网站、手机短信或电子邮件方式将个人账户记账明细、个人权益记录等相关信息提供参保人员。

（五）个人账户记录异议处理

参保人员对个人账户记录有异议的，可向社保机构提出核查申请，并提供相关证明材料。社保机构应及时受理并进行核实。经审核，确需调整的，应由县社保机构及时处理并将更改的信息录入信息系统。信息系统应保留处理前的记录，同时，县社保机构应及时将处理结果告知参保人员。

三、养老保险待遇支付

城乡居民养老保险待遇由基础养老金和个人账户养老金构成,支付终身。基础养老金由中央确定最低标准,建立基础养老金最低标准正常调整机制,根据经济发展和物价变动等情况,适时调整全国基础养老金最低标准。地方人民政府可以根据实际情况适当提高基础养老金标准;对长期缴费的,可适当加发基础养老金,提高和加发部分的资金由地方人民政府支出。个人账户养老金的月计发标准,目前为个人账户全部储存额除以130(与现行职工基本养老保险个人账户养老金计发月数相同)。《经办规程》规定了具体支付办法:

参保人员从符合待遇领取条件的次月起开始享受城乡居民养老保险待遇。乡镇(街道)事务所按月通过信息系统查询生成下月到达领取待遇年龄参保人员的《城乡居民基本养老保险待遇领取通知表》(以下简称《通知表》),交村(居)协办员通知参保人员办理领取养老金手续或补缴手续。

(一)待遇领取手续及材料审核

参保人员应携带户口簿、居民身份证原件和复印件等材料,到户口所在地村(居)委会办理待遇领取手续,在《通知表》上签字、签章或留指纹确认。村(居)协办员负责检查参保人员提供的材料是否齐全,并于每月规定时限内将相关材料一并上报乡镇(街道)事务所。参保人员也可直接到乡镇(街道)事务所或县社保机构办理待遇领取手续。乡镇(街道)事务所应审核参保人员的年龄、缴费等情况,并将符合待遇领取条件人员的相关材料上报县社保机构。

县社保机构应对有关材料进行复核,按有关规定进行疑似重复领取待遇数据比对,确认未领取职工基本养老保险待遇及政府规定的离退休费、退职生活费等养老保障待遇后,为参保人员核定城乡居民养老保险待遇,计算养老金领取金额,生成《城乡居民基本养老保险待遇核定表》。对不符合待遇领取条件的参保人员,县社保机构应通过乡镇(街道)事务所和村(居)协办员告知其原因。

（二）待遇实行社会化发放

县社保机构应根据领取城乡居民养老保险待遇、个人账户资金支付等情况，通过信息系统按月生成《城乡居民基本养老保险基金支付审批表》，送县财政部门申请资金。待县财政部门将城乡居民养老保险基金划转到支出户后，县社保机构应在养老金发放前3个工作日内将发放资金从支出户划拨至金融机构，并将待遇支付明细清单提供给金融机构，金融机构应及时将支付金额划入待遇领取人员银行账户，并于3个工作日内，向县社保机构反馈资金支付情况明细和支付回执凭证。有条件的地区可通过金融机构与城乡居民养老保险信息系统接口实时传输资金支付情况明细。

县社保机构应对金融机构反馈的资金支付情况明细和支付回执凭证进行核对，核对无误后，在信息系统中进行支付确认处理，并相应扣减待遇领取人员的个人账户记录额。发放不成功的，县社保机构应及时会同金融机构查找原因，及时解决，并进行再次发放。县社保机构应按月打印《城乡居民基本养老保险基金支付汇总表》，并与金融机构当月出具的所有支付回执凭证进行核对，确保核对无误。

（三）待遇标准异议处理与待遇资格核查

待遇领取人员对待遇领取标准有异议的，可提出重新核定申请。县社保机构应对待遇领取标准重新进行核定，并将核定结果书面反馈待遇领取人员，确需调整的，经待遇领取人员签字、签章或留指纹确认后修改信息系统记录，系统保留处理前的记录。县社保机构每年应至少对城乡居民养老保险待遇领取人员进行一次资格核对，定期向享受待遇人员发放资格核对通知，规定核对时间和方式以及要求提供的相关证明资料。没有通过资格核对的，社保机构应对其进行暂停发放处理，待其补办有关手续后，从暂停发放之月起补发并续发养老保险待遇。

四、养老保险待遇领取条件

《关于进一步完善城乡居民基本养老保险制度的意见》（以下简称《意见》）明确，参加城乡居民养老保险的个人，年满60周岁、累计缴费满15年，且未领取国家规定的基本养老保障待遇的，可以按月领取城乡居民养老保险待遇。新农保或城居保制度实施时已年满60周岁，在《意见》印发之日前未领取国家规定的基本养老保障待遇的，不用缴费，自《意见》实施之月起，可以按月领取城乡居民养老保险基础养老金；距规定领取年龄不足10年的，应逐年缴费，也允许补缴，累计缴费不超过10年；距规定领取年龄超过10年的，应按年缴费，累计缴费不少于10年。城乡居民养老保险待遇领取人员死亡的，从次月起停止支付其养老金。有条件的地方人民政府可以结合本地实际探索建立丧葬补助金制度。社会保险经办机构应每年对城乡居民养老保险待遇领取人员进行核对；村（居）民委员会要协助社会保险经办机构开展工作，在行政村（社区）范围内对参保人待遇领取资格进行公示，并与职工基本养老保险待遇等领取记录进行比对，确保不重、不漏、不错。《经办规程》针对几种特殊情形的待遇领取条件和办法做出进一步的明确规定：

（一）"老人"的领取办法

对新农保或城居保制度实施时已年满60周岁、在《意见》发布之日前未领取国家规定的基本养老保障待遇的城乡居民，乡镇（街道）事务所应通知其在办理参保登记手续，并按有关规定办理待遇领取手续后，于次月按规定发放基础养老金。

（二）待遇领取人员服刑的

待遇领取人员在领取养老金期间服刑的，县社保机构停止为其发放养老保险待遇。待服刑期满后，由本人提出待遇领取申请，社保机构于其服刑期满后的次月为其继续发放养老保险待遇，停发期间的待遇不予补发。

（三）待遇领取人员死亡的

待遇领取人员自死亡次月起停止发放养老保险待遇。村（居）协办员应于每月初将上月死亡人员名单通过乡镇（街道）事务所上报至县社保机构。县社保机构对死亡人员进行暂停发放处理，待死亡人员指定受益人或法定继承人办理注销登记手续后，对死亡人员进行养老保险关系注销。待遇领取人员死亡后被冒领的养老金应按照规定予以追回，追回后，县社保机构方可为其指定受益人或法定继承人办理个人账户资金余额和丧葬补助金（仅限于探索建立丧葬补助金制度的地区）等支付手续。

五、经办机构与登记管理

（一）经办机构

根据《经办规程》的规定，城乡居民养老保险经办业务由社会保险经办机构（以下简称社保机构）、乡镇（街道）劳动保障事务所[以下简称乡镇（街道）事务所]等具体经办，行政村（居）民委员会协办人员[以下简称村（居）协办员]协助办理，实行属地化管理。

1. 省级及市级社保经办机构的职责

省、自治区、直辖市、新疆生产建设兵团（以下简称省）和市地社保机构负责组织指导和监督考核本地区各级社保机构开展城乡居民养老保险经办管理服务工作，配合财政部门做好财政补助资金的结算和划拨工作；依据本规程制定本地区城乡居民养老保险业务经办管理办法；参与制定本地区城乡居民养老保险基金财务管理办法和基金会计核算办法实施细则；制定本地区城乡居民养老保险内控和稽核制度，并组织开展内控和稽核工作；规范、督导保险费收缴、养老金发放和社会化管理服务工作；编制、汇总、上报本级城乡居民养老保险基金预决算、财务和统计报表；参与城乡居民养老保险信息化建设和管理工作，负责城乡居民养老保险个人权益记录管理和数据应用分析工作；负责本地区全民登记管理；组织开展人员培训等工作。

2. 县级社保经办机构的职责

县（市、区、旗，以下简称县）社保机构负责城乡居民养老保险的参保登记、保险费收缴、基金申请与划拨、基金管理、个人账户建立与管理、待遇核定与支付、保险关系注销、保险关系转移接续、待遇领取资格核对、制发卡证、内控管理、档案管理、个人权益记录管理、数据应用分析以及咨询、查询和举报受理，编制、上报本级城乡居民养老保险基金预决算、财务和统计报表，并对乡镇（街道）事务所的业务经办工作进行指导和监督考核（地市级直接经办城乡居民养老保险业务的参照执行，下同）。

3. 乡镇（街道）劳动保障事务所的职责

乡镇（街道）事务所负责参保资源的调查和管理，对参保人员的参保资格、基本信息、缴费信息、待遇领取资格及关系转移资格等进行初审，将有关信息录入信息系统，并负责受理咨询、查询和举报、政策宣传、情况公示等工作。

4. 村（居）协办员的职责

村（居）协办员具体负责城乡居民养老保险参保登记、缴费档次选定与变更、待遇领取、保险关系注销、保险关系转移接续等业务环节所需材料的收集与上报，负责向参保人员发放有关材料，提醒参保人员按时缴费，通知参保人员办理补缴和待遇领取手续，并协助做好政策宣传与解释、待遇领取资格核对、摸底调查、居民基本信息采集、情况公示等工作。

（二）登记管理

根据《经办规程》的规定，居民基本养老保险登记包括参保登记、变更登记与注销登记三种情形。

1. 参保登记

（1）登记手续

符合城乡居民养老保险参保条件的城乡居民，需携带户口簿和居民身份证原件及复印件（重度残疾人等困难群体应同时提供相关证明材料原件和复印件），到户籍所在地村（居）委会提出参保申请，选择缴费档次，填写《城乡居民基本养老保险参保登记表》（以下简称《参保表》）。居民本人也可携带相关材料直接到乡镇（街道）事务所或县社保机构办理参保登记手续。

（2）登记审核

村（居）协办员负责检查登记人员的相关材料是否齐全，在符合条件的《参保表》上签字、加盖村（居）委会公章，并将《参保表》、户口簿和居民身份证复印件以及其他相关材料，按规定时限一并上报乡镇（街道）事务所。乡镇（街道）事务所负责对登记人员的相关材料进行初审，无误后及时将参保登记信息录入城乡居民养老保险信息系统，在《参保表》上签字、加盖公章，并按规定时限将《参保表》、户口簿和居民身份证复印件以及其他相关材料一并上报县社保机构。县社保机构应对登记人员的相关信息进行复核，可与公安、民政、计生、城镇职工养老保险等信息库进行信息比对，复核无误后，通过信息系统对登记信息进行确认，在《参保表》上签字、加盖公章，并及时将有关材料归档备案。

2. 变更登记

变更登记的主要内容包括：姓名、居民身份证号码、缴费档次、银行账号、特殊参保群体类型、性别、民族、居住地址、联系电话、户籍性质、户籍所在地址等。以上内容之一发生变更时，参保人员需办理变更登记手续。

（1）变更手续

参保人员应及时携带身份证及相关证件、材料的原件和复印件到村（居）委会申请办理变更登记手续，填写《城乡居民基本养老保险变更登记表》（以下简称《变更表》）。村（居）协办员按规定时限将相关材料及《变更表》上报乡镇（街道）事务所。参保人员本人也可到乡镇（街道）事务所或县社保机构直接办理变更登记手续。

（2）变更审核

乡镇（街道）事务所初审无误后，将变更信息及时录入信息系统，在《变更表》上签字，加盖公章，并按规定时限将相关材料及《变更表》上报县社保机构。县社保机构复核无误后，对信息系统中的变更登记信息进行确认，在《变更表》上签字，加盖公章，并将有关材料归档备案。姓名、公民身份证号码等发生变更的人员，当地人力资源社会保障部门同步换发社会保障卡。

3. 注销登记

参保人员出现死亡、出国（境）定居、保险关系转出或已享受城镇职工基本养老保险、机关事业单位养老保险等其他社会养老保障待遇的，应终止其城乡居民养老保险关系，并进行注销登记。

（1）因死亡而注销

参保人员死亡的，村（居）协办员应通知其指定受益人或法定继承人在其死亡后及时办理注销登记手续。其指定受益人或法定继承人应在规定时限内到村（居）委会提出注销登记申请，填写《城乡居民基本养老保险注销登记表》（以下简称《注销表》），并提供以下材料：①医院出具的参保人员死亡证明，或民政部门出具的火化证明（非火化区除外），或公安部门出具的户籍注销证明；人员失踪宣告死亡的，应提供司法部门出具的宣告死亡证明；②指定受益人或法定继承人的户口簿、居民身份证原件和复印件，能够确定其继承权的法律文书、公证文书或公安机关及乡镇（街道）、村（居）委会等部门出具的有关证明材料等；③参保人员个人账户余额无法通过原银行账户支取的，指定受益人或法定继承人还需提供指定金融机构的其他账户信息。

(2)因出国(境)定居而注销

参保人员出国(境)定居并丧失国籍的,应携带本人户口簿、居民身份证原件和复印件,以及出国(境)定居证明材料,到村(居)委会提出注销登记申请,填写《注销表》。

(3)因享受其他社会养老保障待遇而注销

参保人员已享受城镇职工基本养老保险等其他社会养老保障待遇的,应携带本人户口簿、居民身份证原件和复印件,以及其他社会养老保险待遇领取证明材料,到村(居)委会提出注销登记申请,填写《注销表》。

(4)注销审核

村(居)协办员应按规定时限将《注销表》及有关证明材料上报乡镇(街道)事务所。乡镇(街道)事务所初审无误后,将注销登记信息录入信息系统,并按规定时限将上述材料上报县社保机构。县社保机构复核无误后,结算其个人账户资金余额(建立丧葬补助制度的地区,对符合丧葬补助领取条件的,应同时计算丧葬补助金额),按照本规程第二十八条有关规定,将个人账户资金余额(及丧葬补助金)支付给参保人员(或指定受益人、法定继承人),支付成功后,对注销信息进行确认,终止其城乡居民养老保险关系,在《注销表》上签字,加盖公章,并及时将有关材料归档备案。

六、居民基本养老保险关系转接

参加城乡居民养老保险的人员,在缴费期间户籍迁移、需要跨地区转移城乡居民养老保险关系的,可在迁入地申请转移养老保险关系,一次性转移个人账户全部储存额,并按迁入地规定继续参保缴费,缴费年限累计计算;已经按规定领取城乡居民养老保险待遇的,无论户籍是否迁移,其养老保险关系不转移。《经办规程》分三种情形对关系转接办法做出了明确规定:其一,参保人员在缴费期间跨省、市地、县转移的,转出地县社保机构应将其城乡居民养老保险关系和个人账户储存额一次性转入新参保地,由新参保地为其办理参保缴费手续。同时,转出地社保机构应当按照规定保留原有记录备查。其二,在本县范围内迁移户籍的参保人员,不需转移城乡居民养老保险关系,应直接办理户籍地址变更登记手续。其三,参保人员已经按规定领取城乡居民养老保险待遇的,无论户籍是否迁移,其养老保险关系不转移,继续在原参保地领取待遇,待遇领取资格核对工作由户籍迁入地社保机构协助完成。下面,详细介绍参保人员在缴费期间跨省、市地、县转移关系的办理流程:

(一)转入申请

参保人员须持户籍关系转移证明以及居民身份证、户口簿原件和复印件等材料,到转入地村(居)委会提出申请,填写《参保表》和《城乡居民基本养老保险关系转入申请表》(以下简称《转入表》)。

(二)转入审核

村(居)协办员负责检查其提供的材料是否齐全,并按规定时限将《参保表》和《转入表》及有关材料上报乡镇(街道)事务所。转入地乡镇(街道)事务所审核无误后,应按规定时限将《参保表》和《转入表》及有关材料上报县社保机构。转入地县社保机构复核无误后,应按规定时限向转出地县社保机构寄送《城乡居民基本养老保险关系转入接收函》(以下简称《接收函》)和户籍关系转移证明等相关材料的复印件。

(三)转出核实

转出地县社保机构接到《接收函》和相关材料后,应对申请转移人员相关信息进行核实,符合转移规定的,应及时通过信息系统为参保人员进行结息处理,打印《城乡居民养老保险关系转出审批表》(以下简称《审批表》),并按照有关规定于次月通过金融机构将参保人员个人账户储存额一次性划拨至转入地县社保机构指定的银行账户,将《审批表》寄送转入地县社保机构,并终止申请转移人员的城乡居民养老保险关系。

(四)转入确认

转入地县社保机构收到《审批表》,确认转入的个人账户储存额足额到账后,应及时进行实收处理,将参保、转移信息录入信息系统,为转入人员建立、记录个人账户,并通过乡镇(街道)事务所或村(居)委会告知转入人员。已经在转出地完成当年度缴费的人员,在转入地不再缴纳当年保费。

第三节 城乡养老保险制度衔接

人社部、财政部联合发出《关于印发〈城乡养老保险制度衔接暂行办法〉的通知》。《城乡养老保险制度衔接暂行办法》(以下简称《暂行办法》)对城镇职工基本养老保险(以下简称城镇职工养老保险)与城乡居民基本养老保险(以下简称城乡居民养老保险)两种制度之间的衔接办法做出了安排。随后,人社部办公厅又发布了《城乡养老保险制度衔接经办规程(试行)》(以下简称《衔接规程》),对跨两种制度衔接养老保险关系的业务经办规程做出了具体部署,同时明确县级以上社会保险经办机构(以下简称社保机构)负责城乡养老保险制度衔接业务经办。

一、城乡居民养老保险转入城镇职工养老保险的衔接

(一)基本条件

参加城镇职工养老保险和城乡居民养老保险人员,达到城镇职工养老保险法定退休年龄后,城镇职工养老保险缴费年限满10年(含延长缴费至10年)的,可以申请从城乡居民养老保险转入城镇职工养老保险,按照城镇职工养老保险办法计发相应待遇。

(二)个人账户与缴费年限的处理

参保人员从城乡居民养老保险转入城镇职工养老保险的,城乡居民养老保险个人账户全部储存额并入城镇职工养老保险个人账户,城乡居民养老保险缴费年限不合并计算或折算为城镇职工养老保险缴费年限。

(三)转入申请地的确定与办理程序

参保人员从城乡居民养老保险转入城镇职工养老保险的,社保经办机构

需先按《国务院办公厅关于转发人力资源社会保障部财政部城镇企业职工基本养老保险关系转移接续暂行办法的通知》等有关规定,确定城镇职工养老保险待遇领取地,并将城镇职工养老保险的养老保险关系归集至待遇领取地。然后,参保人员再向城镇职工养老保险待遇领取地(即城镇职工养老保险关系归集地)提出申请办理制度衔接手续,由城镇职工养老保险待遇领取地负责归集参保人员城镇职工养老保险关系,告知参保人员办理相关手续,并为其开具包含各参保地缴费年限的《城镇职工基本养老保险参保缴费凭证》。具体办理流程如下:

1. 申请及资料的提交

参保人员向城镇职工养老保险待遇领取地社保机构提出转入申请,填写《城乡养老保险制度衔接申请表》(以下简称《申请表》),出示社会保障卡或居民身份证并提交复印件。参保人员户籍地与城镇职工养老保险待遇领取地为不同统筹地区的,可就近向户籍地负责城乡居民养老保险的社保机构提出申请,填写《申请表》,出示社会保障卡或居民身份证,并提交复印件。户籍地负责城乡居民养老保险的社保机构应及时将相关材料传送给其城镇职工养老保险待遇领取地社保机构。

2. 审核与发联系函

城镇职工养老保险待遇领取地社保机构受理并审核《申请表》及相关资料,对符合制度衔接办法规定条件的,应在10个工作日内,向参保人员城乡居民养老保险关系所在地社保机构发出《城乡养老保险制度衔接联系函》(以下简称《联系函》)。不符合制度衔接办法规定条件的,应向参保人员作出说明。

3. 居民险关系地的手续办理

城乡居民养老保险关系所在地社保机构在收到《联系函》之日起的10个工作日内办结以下手续:第一,核对参保人员有关信息并生成《城乡居民基本养老保险信息表》,传送给城镇职工养老保险待遇领取地社保机构;第二,办理基金划转手续;第三,终止参保人员在本地的城乡居民养老保险关系。

4. 职工险待遇地的手续办理

城镇职工养老保险待遇领取地社保机构在收到《城乡居民基本养老保险信息表》和转移基金后的10个工作日内办结以下手续:第一,核对《城乡居民基本养老保险信息表》及转移基金额;第二,录入参保人员城乡居民养老保险相关信息；第三，确定重复缴费时段及金额，按规定将城乡居民养老保险重复缴费时段相应个人缴费和集体补助（含社会资助，下同）予以清退；第四，合并记录参保人员个人账户；第五，将办结情况告知参保人员。

二、城镇职工养老保险转入城乡居民养老保险的衔接

（一）基本条件

城镇职工养老保险缴费年限不足10年的，可以申请从城镇职工养老保险转入城乡居民养老保险，待达到城乡居民养老保险规定的领取条件时，按照城乡居民养老保险办法计发相应待遇。

（二）个人账户与缴费年限的处理

参保人员从城镇职工养老保险转入城乡居民养老保险的，城镇职工养老保险个人账户全部储存额并入城乡居民养老保险个人账户，参加城镇职工养老保险的缴费年限合并计算为城乡居民养老保险的缴费年限。

（三）转入申请地的确定与办理程序

从城镇职工养老保险转入城乡居民养老保险的，社保经办机构应首先按照《国务院办公厅关于转发人力资源社会保障部财政部城镇企业职工基本养老保险关系转移接续暂行办法的通知》等有关规定，确定城镇职工养老保险待遇领取地，由城镇职工养老保险待遇领取地（即城镇职工养老保险关系归集地）负责归集参保人员城镇职工养老保险关系，告知参保人员办理相关手续，并为其开具包含各参保地缴费年限的《城镇职工基本养老保险参保缴费凭证》（简称《参保缴费凭证》），参保人员需向城乡居民养老保险待遇领取地提出衔接申请。具体办理流程如下：

1. 申请及资料的提交

参保人员向城乡居民养老保险待遇领取地社保机构提出申请，填写《申请表》，出示社会保障卡或居民身份证并提交复印件，提供城镇职工养老保险关系归集地开具的《参保缴费凭证》。

2. 审核及发联系函

城乡居民养老保险待遇领取地社保机构受理并审核《申请表》及相关资

料,对符合制度衔接办法规定条件的,应在10个工作日内,向城镇职工养老保险关系归集地社保机构发出《联系函》。对不符合制度衔接办法规定条件的,应向参保人员作出说明。

3. 职工险关系地的手续办理

城镇职工养老保险关系归集地社保机构收到《联系函》之日起的10个工作日内,办结以下手续:第一,生成《城镇职工基本养老保险信息表》,传送给城乡居民养老保险待遇领取地社保机构;第二,办理基金划转手续;第三,终止参保人员在本地的城镇职工养老保险关系。

4. 居民险关系地的手续办理

城乡居民养老保险关系所在地社保机构在收到《城镇职工基本养老保险信息表》和转移基金后的10个工作日内办结以下手续:第一,核对《城镇职工基本养老保险信息表》及转移基金额;第二,录入参保人员城镇职工养老保险相关信息;第三,确定重复缴费时段及金额,按规定予以清退;第四,合并记录参保人员个人账户;第五,将办结情况告知参保人员。

三、重复参保的处理办法

《暂行办法》规定,参保人员若在同一年度内同时参加城镇职工养老保险和城乡居民养老保险的,其重复缴费时段(按月计算,下同)只计算城镇职工养老保险缴费年限,由转入地社保经办机构将城乡居民养老保险重复缴费时段相应个人缴费和集体补助退还本人。《衔接规程》规定了具体的办理程序:

第一,进行信息比对,确定重复缴费时段。重复时段为城乡居民养老保险各年度与城镇职工养老保险重复缴费的月数。

第二,确定重复缴费清退金额,生成并打印《城乡养老保险重复缴费清退表》。重复缴费清退金额计算方法:年度重复缴费清退金额=(年度个人缴费本金+年度集体补助本金)/12×重复缴费月数;清退总额=各年度重复缴费清退金额之和。

第三,将重复缴费清退金额退还参保人员,并将有关情况通知本人。

四、重复领取待遇的处理办法

《暂行办法》规定,参保人员不得同时领取城镇职工养老保险和城乡居民养老保险待遇。对于同时领取城镇职工养老保险和城乡居民养老保险待遇的，终止并解除城乡居民养老保险关系，除政府补贴外的个人账户余额退还本人，已领取的城乡居民养老保险基础养老金应予以退还；本人不予退还的，由社会保险经办机构负责从城乡居民养老保险个人账户余额或者城镇职工养老保险基本养老金中抵扣。《衔接规程》明确了具体的操作办法：

（一）居民基础养老金的退还

参保人员同时领取城镇职工养老保险和城乡居民养老保险待遇的，由城乡居民养老保险待遇领取地社保机构负责终止其城乡居民养老保险关系，核定重复领取的城乡居民养老保险基础养老金金额，通知参保人员退还。参保人员退还后，将其城乡居民养老保险个人账户余额（扣除政府补贴，下同）退还本人。

（二）居民基础养老金的抵扣

参保人员不退还重复领取的城乡居民养老保险基础养老金的，城乡居民养老保险待遇领取地社保机构从其城乡居民养老保险个人账户余额中抵扣，抵扣后的个人账户余额退还本人。

（三）居民基础养老金的协助抵扣

参保人员个人账户余额不足抵扣的，城乡居民养老保险待遇领取地社保机构向其领取城镇职工养老保险待遇的社保机构发送《重复领取养老保险待遇协助抵扣通知单》，通知其协助抵扣。参保人员城镇职工养老保险待遇领取地社保机构完成抵扣后，应将协助抵扣款项全额划转至城乡居民养老保险待遇地社保机构指定银行账户，同时传送《重复领取养老保险待遇协助抵扣回执》。

第四节 机关事业单位工作人员基本养老保险

机关事业单位养老保险改革的方案已经确定，国务院发布的《国务院关于机关事业单位工作人员养老保险制度改革的决定》（以下简称国发2号文），规定机关事业单位启动养老保险改革，实行个人缴费、统账结合的基本养老保险制度，同时建立职业年金制度。此次养老保险改革坚持全覆盖、保基本、多层次、可持续方针，遵循公平与效率相结合、权利与义务相对应、保障水平与经济发展水平相适应、改革前后待遇水平相衔接、解决突出矛盾与保证可持续发展相促进的基本原则，以增强公平性、适应流动性、保证可持续性为重点，以逐步建立独立于机关事业单位之外、资金来源多渠道、保障方式多层次、管理服务社会化的养老保险体系为目标，范围涉及按照公务员法管理的单位、参照公务员法管理的机关（单位）、事业单位及其编制内的工作人员。人社部、财政部发出《关于贯彻落实〈国务院关于机关事业单位工作人员养老保险制度改革的决定〉的通知》（本节以下简称《通知》），对贯彻落实国发2号文做出了具体的部署。人社部发布《关于印发〈机关事业单位工作人员基本养老保险经办规程〉的通知》（本节以下简称《经办规程》），规范了机关事业单位养老保险的经办管理服务工作。

一、改革范围与登记管理

（一）改革范围

根据国发2号文的要求，机关事业单位养老保险制度改革适用于按照公务员法管理的单位、参照公务员法管理的机关（单位）、事业单位及其编制内的工作人员。《通知》进一步明确，参加机关事业单位养老保险的事业单位是指根据《中共中央国务院关于分类推进事业单位改革的指导意见》有关规定进行分类改革后的公益一类、二类事业单位。对于目前划分为生产经营类，但尚未转企改制到位的事业单位，已参加企业职工基本养老保险的仍继续参加；尚未参加的，暂参加机关事业单位基本养老保险，待其转企改制到位后，按有关规定纳入企业职工基本养老保险范围。要严格按照机关事业单位编制管理规定确定参保人员范围，编制外人员应依法参加企业职工基本养老保险；对于编制管理不规范的单位，要先按照有关规定进行清理规范，待明确工作人员身份后再纳入相应的养老保险制度。

（二）经办机构

机关事业单位基本养老保险业务实行属地化管理，由县级及以上社保经办机构负责办理。在京中央国家机关事业单位基本养老保险业务由人力资源和社会保障部社会保险事业管理中心负责经办，京外的中央国家机关事业单位基本养老保险业务由属地社保经办机构负责经办。

各省（自治区、直辖市）、新疆生产建设兵团（以下简称省级）社保经办机构负责制定本地区机关事业单位基本养老保险业务经办管理办法、内控和稽核制度；会同财政部门制定本地区机关事业单位基本养老保险基金财务管理办法和会计核算办法实施细则；负责组织实施机关事业单位基本养老保险省级统筹工作；实行省级基金调剂制度的，编制机关事业单位基本养老保险基金调剂计划；参与机关事业单位基本养老保险信息系统建设和管理。

省级和地（市、州，以下简称地级）社保经办机构负责组织指导和监督考核本地区各级社保经办机构开展机关事业单位基本养老保险经办管理服务工作；做好基金管理、财政补助资金的结算和划拨；编制、汇总、上报本地区机关事业单位基本养老保险基金预决算、财务和统计报表；负责机关事业单位基本养老保险个人权益记录管理和数据应用分析；组织开展宣传和人员培训等工作。

县（市、区、旗，以下简称县级）社保经办机构负责机关事业单位基本养老保险参保登记、申报核定、保险费征收、个人账户管理、关系转移、待遇核定与支付、基金管理；编制上报本级基金预、决算，财务和统计报表；数据应用分析；领取待遇资格认证；个人权益记录管理；审计稽核与内控管理；档案管理；咨询、查询和举报受理等工作。地级及以上社保经办机构直接经办机关事业单位基本养老保险业务的参照执行。

(三)登记管理

机关事业单位养老保险登记管理内容包括机关事业单位登记、登记证管理、工作人员登记。

1. 机关事业单位登记

（1）参保登记

用人单位应当自成立之日起30日内向社保经办机构申请办理参保登记，填报《社会保险登记表》，并提供以下证件和资料：有关职能部门批准单位成立的文件；《组织机构代码证》（副本）；事业单位还需提供《事业单位法人登记证书》（副本）；参照《公务员法》管理的单位还需提供参照《公务员法》管理相关文件；单位法定代表人（负责人）的任职文件和身份证；省级社保经办机构规定的其他证件、资料。

社保经办机构审核用人单位报送的参保登记资料，对符合条件的，在10日内为用人单位办理参保登记手续，确定社会保险登记编号，建立社会保险登记档案资料，登记用人单位基本信息，向用人单位核发《社会保险登记证》；对资料不全或不符合规定的，应一次性告知用人单位需要补充和更正的资料或不予受理的理由。

（2）变更登记

参保单位名称、地址、法定代表人（负责人）、机构类型、组织机构代码、主管部门、隶属关系、开户银行账号、参加险种以及法律法规规定的社会保险其他登记事项发生变更时，应当在登记事项变更之日起30日内，向社保经办机构申请办理变更登记，填报《机关事业单位基本养老保险参保单位信息变更申报表》，并提供以下证件和资料：与变更登记事项对应的相关资料；《社会保险登记证》；省级社保经办机构规定的其他证件、资料。社保经办机构审核参保单位报送的变更登记申请资料，对符合条件的，在10日内为参保单位办理变更登记手续。变更内容涉及《社会保险登记证》登记事项的，收回参保单位原《社会保险登记证》，按变更后的内容重新核发《社会保险登记证》；对资料不全或不符合规定的，应一次性告知参保单位需要补充和更正的资料或不予受理的理由。

(3)注销登记

参保单位因发生撤销、解散、合并、改制、成建制转出等情形,依法终止社会保险缴费义务的,应自有关部门批准之日起30日内,向社保经办机构申请办理注销社会保险登记,填报《申报表》,并提供以下证件和资料:注销社会保险登记申请;《社会保险登记证》;批准撤销、解散、合并、改制的法律文书或文件或有关职能部门批准成建制转出的文件;省级社保经办机构规定的其他证件、资料。社保经办机构审核参保单位报送的注销登记申请资料,参保单位有欠缴社会保险费的,社保经办机构应告知参保单位缴清应缴纳的社会保险费、利息、滞纳金等后,对符合条件的,在10日内为参保单位办理注销登记手续,收回《社会保险登记证》;对资料不全或不符合规定的,应一次性告知参保单位需要补充和更正的资料或不予受理的理由。

2. 登记证管理

(1)登记证的验换

社保经办机构对已核发的《社会保险登记证》实行定期验证和换证制度。参保单位应按年填报《社会保险登记证验证表》,并提供以下证件和资料:《社会保险登记证》;《组织机构代码证》(副本);事业单位还需提供《事业单位法人登记证书》(副本);省级社保经办机构规定的其他证件、资料。社保经办机构审核参保单位报送的验证登记申请资料,核查社会保险登记事项、社会保险费缴纳情况等内容。对符合条件的,及时为参保单位办理验证手续,在《社会保险登记证》和《社会保险登记证验证表》上加盖"社会保险登记证审核专用章";对资料不全的,应一次性告知参保单位需要补充的资料。《社会保险登记证》有效期4年。有效期满,社保经办机构应为参保单位更换。

(2)登记证的补办

参保单位遗失《社会保险登记证》的,应及时向社保经办机构申请补办,填报《机关事业单位基本养老保险参保单位信息变更申报表》,并提供以下证件和资料:《组织机构代码证》(副本);事业单位还需提供《事业单位法人登记证书》(副本);省级社保经办机构规定的其他证件、资料。社保经办机构审核参保单位报送的补证登记申请资料,对符合条件的,应在10日内为参保单位办理补证手续,重新核发《社会保险登记证》;对资料不全或不符合规定的,应一次性告知参保单位需要补充和更正的资料或不予受理的理由。

3. 工作人员登记

（1）参保登记

社保经办机构为参保单位核发《社会保险登记证》后，参保单位向社保经办机构申报办理人员参保登记手续，填报《机关事业单位工作人员基本信息表》，并提供以下证件和资料：工作人员有效身份证件（复印件）；县级及以上党委组织部门、人力资源和社会保障行政部门正式录用通知书、调令、任职文件或事业单位聘用合同等；省级社保经办机构规定的其他证件、资料。社保经办机构审核参保单位报送的人员参保登记资料，对符合条件的，录入人员参保登记信息，建立全国统一的个人社会保障号码（即居民身份证号码），进行人员参保登记处理并为其建立个人账户，对资料不全或不符合规定的，应一次性告知参保单位需要补充和更正的资料或不予受理的理由。属于涉及国家安全、保密等特殊人群的，可采用专门方式采集相关信息，并作特殊标记。

（2）变更登记

参保人员登记信息发生变化时，参保单位应当在30日内，向社保经办机构申请办理参保人员信息变更登记业务，填报《参保人员信息变更表》，并提供以下证件和资料：参保人员有效身份证件或社会保障卡；变更姓名、居民身份证号码等关键基础信息的，需提供公安部门证明；变更出生日期、参加工作时间、视同缴费年限等特殊信息的，需提供本人档案及相关部门审批认定手续；省级社保经办机构规定的其他证件、资料。社保经办机构审核参保单位报送的参保人员信息变更申请资料，对符合条件的，进行参保人员信息变更；对资料不全或不符合规定的，应一次性告知参保单位需要补充和更正的资料或不予受理的理由。

（3）终止登记

对参保人员死亡、达到法定退休年龄前丧失中华人民共和国国籍等原因终止养老保险关系的，参保单位向社保经办机构申请办理参保人员养老保险关系终止业务，填报《参保人员业务申报表》，并提供以下证件和资料：参保人员死亡的，需提供社会保障卡、居民死亡医学证明书或其他死亡证明材料；丧失中华人民共和国国籍的，需提供定居国护照等相关资料；省级社保经办机构规定的其他证件、资料。社保经办机构审核参保单位报送的参保人员终止登记申请资料，对符合条件的，录入参保人员终止登记信息，进行人员参保终止处理。

二、基金征缴与管理

机关事业单位工作人员养老保险与职工基本养老保险一样，采取统账结合的制度模式。基本养老保险费由单位和个人共同负担。机关事业单位及其工作人员应按规定及时足额缴纳养老保险费。各级社会保险征缴机构应切实加强基金征缴，做到应收尽收。

（一）基金征缴

单位缴纳基本养老保险费（以下简称单位缴费）的比例为本单位工资总额的20%，个人缴纳基本养老保险费（以下简称个人缴费）的比例为本人缴费工资的8%，由单位代扣。本单位工资总额为参加机关事业单位养老保险工作人员的个人缴费工资基数之和。机关单位（含参公管理的单位）工作人员的个人缴费工资基数包括：本人上年度工资收入中的基本工资、国家统一的津贴补贴（艰苦边远地区津贴、西藏特贴、特区津贴、警衔津贴、海关津贴等国家统一规定纳入原退休费计发基数的项目）、规范后的津贴补贴（地区附加津贴）、年终一次性奖金；事业单位工作人员的个人缴费工资基数包括：本人上年度工资收入中的基本工资、国家统一的津贴补贴（艰苦边远地区津贴、西藏特贴、特区津贴等国家统一规定纳入原退休费计发基数的项目）、绩效工资。其余项目暂不纳入个人缴费工资基数。参保人员月缴费基数按照本人上年度月平均工资核定；新设立单位和参保单位新增的工作人员按照本人起薪当月的月工资核定。本人上年度月平均工资或起薪当月的月工资低于上年度全省在岗职工月平均工资60%的，按60%核定；超过300%的，按300%核定。单位月缴费基数为参保人员月缴费基数之和。在上年度全省在岗职工月平均工资公布前，参保人员缴费基数暂按上年度月缴费基数执行。待上年度全省在岗职工月平均工资公布后，据实重新核定月缴费基数，并结算差额。

1. 缴费申报

参保单位应每年统计上年度本单位及参保人员的工资总额，向社保经办机构申报《工资总额申报表》。新设立的单位及新进工作人员的单位，应在办理社会保险登记或申报人员变更的同时，一并申报工作人员起薪当月的工资。

参保单位按规定申报工资总额后,社保经办机构应及时进行审核,对审核合格的,建立参保单位及参保人员缴费申报档案资料及数据信息,生成参保单位及参保人员缴费基数核定数据;对资料不全或不符合规定的,应一次性告知参保单位需要补充和更正的资料或重新申报。社保经办机构审核时,参保单位未按规定申报的,社保经办机构暂按上年度核定缴费基数的110%核定,参保单位补办申报手续后,重新核定并结算差额。

在一个缴费年度内,参保单位初次申报后,其余月份应申报人员增减、缴费基数变更等规定事项的变动情况;无变动的,可以不申报。参保单位因新招录、调入、单位合并等原因增加人员或因工作调动、辞职、死亡等原因减少人员,应从起薪或停薪之月办理人员增加或减少。参保单位应及时填报《参保人员业务申报表》,并提供以下证件和资料:有关部门出具的相关手续;省级社保机构规定的其他证件、资料。社保经办机构审核参保单位报送的人员增减资料,对符合条件的,办理人员增减手续,调整缴费基数并记录社会保险档案资料和数据信息;对资料不全或不符合规定的,应一次性告知参保单位需要补充更正的资料或不予受理的理由。

因参保单位申报或根据人民法院、人事仲裁、社保稽核等部门的相关文书和意见,需变更缴费基数或缴费月数的,参保单位向社保经办机构申报办理,填报《参保人员业务申报表》,并提供以下资料:变更人员对应的工资记录;相关部门出具的文书和意见;省级社保经办机构规定的其他证件、资料。社保经办机构审核参保单位报送的申请资料,对符合条件的,为其办理基本养老保险费补收手续,并记录相关信息,打印补缴通知;对资料不全或不符合规定的,应一次告知参保单位需要补充和更正的资料或不予受理的理由。

因参保单位多缴、误缴基本养老保险费需退还的,参保单位向社保经办机构申报办理,填报《参保人员业务申报表》,并提供以下证件和资料:缴费凭证等相关资料;省级社保机构规定的其他证件、资料。社保经办机构审核参保单位报送的申请资料,对符合条件的,为其办理基本养老保险费退还手续,并记录相关信息,打印退费凭证;对资料不全或不符合规定的,应一次告知参保单位需要补充和更正的资料或不予受理的理由。

2. 费用征缴

社保经办机构负责征收基本养老保险费。社保经办机构应与参保单位和银行签订委托扣款协议,采取银行代扣方式进行征收;参保单位也可按照政策规定的其他方式缴纳。社保经办机构根据参保单位申报的人员增减变化情况,及时办理基本养老保险关系建立、中断、恢复、转移、终止、缴费基数调整等业务,按月生成《机关事业单位基本养老保险费征缴通知单》,交参保单位;同时生成基本养老保险费征缴明细。实行银行代扣方式征收的,征缴明细按照社保经办机构与银行协商一致的格式传递给银行办理养老保险费征收业务。

参保单位和参保人员应按时足额缴纳基本养老保险费,参保人员个人应缴纳的基本养老保险费,由所在单位代扣代缴。社保经办机构对银行反馈的基本养老保险费当月到账明细进行核对,无误后进行财务到账处理;及时据实登记应缴、实缴、当期欠费等,生成征收台账。参保单位因不可抗力无力缴纳养老保险费的,应提出书面申请,经省级社会保险行政部门批准后,可以暂缓缴纳一定期限的养老保险费,期限不超过1年,暂缓缴费期间免收滞纳金。到期后,参保单位必须全额补缴欠缴的养老保险费。参保单位欠缴养老保险费的,应按照《社会保险法》和《社会保险费申报缴纳管理规定》有关规定缴清欠费。

(二)基金管理

根据国发2号文的要求,各地区积极创造条件实行省级统筹,确实难以一步到位实现省级统筹的,基金可暂不归集到省级,建立省级基金调剂制度,所需资金由省级财政预算安排。全省(市、区)要制定和执行统一的机关事业单位基本养老保险制度和政策,统一基本养老保险缴费比例和缴费基数,统一基本养老金计发办法、统筹项目和标准以及基本养老金调整办法,统一编制和实施基本养老保险基金预算,明确省、地(市)、县各级政府的责任。各地区要按照国家统一制定的业务经办流程和信息管理系统建设要求,统一基本养老保险业务经办规程和管理制度,统一建设信息管理系统,实现省级集中管理数据资源。

根据《经办规程》的规定,机关事业单位基本养老保险基金按照管理层级,单独建账、独立核算,纳入社会保障基金财政专户,实行收支两条线管理,专款专用,任何部门、单位和个人均不得挤占挪用。机关事业单位基本养老保险基金按照社会保险财务、会计制度相关规定及管理层级设立收入户、支出户、财政专户。社保经办机构定期将收入户资金缴存财政专户。实行省级基金调剂制度的，上解的省级调剂金由下级社保经办机构支出户上解至省级社保经办机构收入户。基金收入包括养老保险费收入、利息收入、财政补贴收入、转移收入、上级补助收入、下级上解收入、其他收入等。基金支出包括养老保险待遇支出、转移支出、补助下级支出、上解上级支出、其他支出等。社保经办机构编制下一年度基金预算草案，预算草案经省级人力资源社会保障部门审核汇总，财政部门审核后，列入省级人民政府预算，报省级人民代表大会审议。实行省级调剂金制度的，基金预算编制程序由各省自行制定。省级社保经办机构每年年终进行基金决算。

三、个人账户管理

个人账户包括个人基本信息、缴费信息和支付信息、转移接续信息、终止注销信息等内容。社保经办机构应为参保人员建立个人账户，用于记录个人缴费及利息等社会保险权益。个人账户储存额只用于工作人员养老，不得提前支取。国发2号文实施时在机关事业单位工作的人员，个人账户建立时间从2014年10月1日开始，之后参加工作的人员，从其参加工作之月起建立个人账户。参保人员存在两个及以上个人账户的，其原个人账户储存额部分，应与现个人账户合并计算。存在重复缴费的，由现参保地社保经办机构与本人协商确定保留其中一个基本养老保险关系和个人账户，同时其他养老保险关系予以清理，个人账户储存额退还本人，相应的个人缴费年限不重复计算。参保人员对个人账户记录的信息有异议时，参保单位可凭相关资料向社保经办机构申请核查。社保经办机构核实后，对确需调整的，按规定程序审批后予以修改，保留调整前的记录，记录调查信息，将调整结果通知参保单位。

（一）个人账户记账

按本人缴费工资8%的数额建立基本养老保险个人账户，全部由个人缴费形成。个人工资超过当地上年度在岗职工平均工资300%以上的部分，不计入个人缴费工资基数；低于当地上年度在岗职工平均工资60%的，按当地在岗职工平均工资的60%计算个人缴费工资基数。参保单位和参保人员按时足额缴费的，社保经办机构按月记入个人账户。参保单位或参保人员未按时足额缴费，视为欠缴，暂不记入个人账户，待参保单位补齐欠缴本息后，按补缴时段补记入个人账户。对按月领取基本养老金的退休人员，根据本人退休时个人账户养老金，按月冲减个人账户储存额。待遇调整增加的基本养老金，按本人退休时月个人账户养老金占月基本养老金的比例计算个人账户应支付金额，按月冲减个人账户储存额。个人账户记账参照职工基本养老保险个人账户的记账办法。

（二）个人账户计息

个人账户储存额每年按照国家统一公布的记账利率计算利息，免征利息税。每年的1月1日至12月31日为一个结息年度，社保经办机构应于一个结息年度结束后根据上年度个人账户记账额及个人账户储存额，计算个人账户利息，并记入个人账户。记账利率由国家确定并公布。参保人员办理退休或一次性领取个人账户储存额时，社保经办机构应对其个人账户储存额进行即时计息结转，以后每年按规定对退休人员个人账户支付养老金后的余额部分进行计息结转。办理跨统筹区、跨制度转移手续的参保人员，转出地社保经办机构在关系转出当年不计息结转；转入地社保经办机构从关系转入当年起计息。当年个人记账利率公布前，发生待遇支付的，个人账户储存额按照公布的上一年度记账利率计算利息，当年个人账户记账利率公布后，不再重新核定。

（三）个人账户封存

社保经办机构对中断缴费的个人账户应进行封存，中断缴费期间按规定计息。社保经办机构对恢复缴费的参保人员个人账户记录进行恢复，中断缴费前后个人账户储存额合并计算。

（四）个人账户清退

参保人员死亡的，个人账户余额可以依法继承。办理参保人员终止登记手续后，参保单位可代参保人员或继承人向社保经办机构申领个人账户储存额（退休人员为个人账户余额）。社保经办机构完成支付手续后，终止参保人员基本养老保险关系。

（五）个人账户转移

参保人员养老保险关系发生跨统筹、跨制度范围转移时，转出地社保经办机构在基金转出后，终止参保人员个人账户；转入地社保经办机构在转入基金到账后，为转入人员记录个人账户。

四、基本养老待遇核定与计发

待遇核定主要包括参保人员退休待遇申报核定、待遇调整核定、遗属待遇支付核定、病残津贴支付核定、个人账户一次性支付核定等内容。基本养老待遇的计发遵照"新人新制度、老人老办法、中人逐步过渡"的原则。基本养老金、病残津贴等按月支付的待遇由社保经办机构委托银行实行社会化发放；个人账户一次性支付和丧葬补助金、抚恤金等一次性支付待遇可委托参保单位发放，或委托银行实行社会化发放。

（一）待遇核定

1. 基本养老金的核定

参保人员符合退休条件的，参保单位向社保经办机构申报办理退休人员待遇核定，填报《参保人员养老保险待遇申领表》，并提供以下证件和资料：参保人员有效身份证件或社会保障卡；按现行人事管理权限审批的退休相关材料；省级社保经办机构规定的其他证件、资料。社保经办机构应及时对申报资料进行审核，对符合条件的，根据退休审批认定的参保人员出生时间、参加工作时间、视同缴费年限、退休类别以及实际缴费情况等计算退休人员的基本养老金，在过渡期内，应按规定进行新老待遇计发办法对比，确定养老保险待遇水平，及时记录退休人员信息，打印《参保人员基本养老金计发表》，交参保单位。对资料不全或不符合规定的，应一次性告知参保单位需要补充和更正的资料或不予受理的理由。参保单位应当将核定结果告知参保人员。

2. 病残津贴的核定

参保单位应在参保人员符合国家政策规定的病残津贴领取条件时向社保经办机构申报办理病残津贴领取手续，填报《机关事业单位基本养老保险参保人员养老保险待遇申领表》，并提供以下证件和资料：参保人员有效身份证件或社会保障卡；按现行人事管理权限审批的相关材料；省级社保经办机构规定的其他证件、资料。社保经办机构应及时对申报资料进行审核,对符合领取病残津贴条件的,计算申报人员的病残津贴,核定金额,并及时记录数据信息,打印机关事业单位工作人员病残津贴计发表单,交参保单位。对资料不全或不符合规定的,应一次性告知参保单位需要补充和更正的资料或不予受理的理由。参保单位应当将核定结果告知参保人员。

3. 丧葬补助金与抚恤金的核定

参保人员因病或非因工死亡后,参保单位向社保经办机构申请办理领取丧葬补助金、抚恤金手续,填报《参保人员一次性支付申报表》,并提供以下证件和资料:参保人员社会保障卡、居民死亡医学证明书或其他死亡证明材料;指定受益人或法定继承人有效身份证件,与参保人员关系证明;省级社保经办机构规定的其他证件、资料。社保经办机构应及时对申报资料进行审核,对符合条件的,计算丧葬补助金、抚恤金,核定金额,打印《参保人员丧抚费核定表》,交参保单位。对资料不全或不符合规定的,应一次性告知参保单位需要补充和更正的资料或不予受理的理由。

4. 个人账户一次性支付的核定

办理参保人员终止登记手续后,参保单位向社保经办机构申请办理个人账户一次性支付手续,填报《参保人员一次性支付申报表》,并提供以下证件和资料:参保人员死亡的,需提供社会保障卡和居民死亡医学证明书或其他死亡证明材料;指定受益人或法定继承人有效身份证件;与参保人员关系证明;参保人员丧失中华人民共和国国籍的,需提供定居国护照等相关资料;省级社保机构规定的其他证件、资料。社保经办机构应及时对申报资料进行审核。对符合条件的,计算并核定个人账户一次性支付金额,打印《个人账户一次性支付核定表》,交参保单位,并及时记录支付信息,终止基本养老保险关系。对资料不全或不符合规定的,应一次告知参保单位或参保人员本人(指定受益人或法定继承人)需要补充和更正的资料或不予受理的理由。参保单位应当将核定结果告知领取人。参保单位或参保人员本人(或指定受益人、法定继承人)对社保经办机构核定的待遇支付标准有异议,可在60个工作日内向社保经办机构提出重新核定申请。社保经办机构应予以受理复核,并在10日内告知其复核结果;对复核后确需调整的,应重新核定并保留复核及修改记录。

（二）待遇资格认证

社保经办机构每年对退休人员开展基本养老金领取资格认证工作。社保经办机构在核发待遇时，主动告知退休人员应每年参加资格认证。社保经办机构要与公安、卫计、民政部门及殡葬管理机构、街道（乡镇）、社区（村）、退休人员原工作单位等建立工作联系机制，全面掌握退休人员待遇领取资格的变化情况。退休人员领取养老金资格认证可通过社保经办机构直接组织，依托街道、社区劳动就业和社会保障平台以及原工作单位协助等方式进行。退休人员因年老体弱或患病，本人不能办理资格认证的，由本人或委托他人提出申请，社保经办机构可派人上门办理。异地居住的退休人员由参保地社保经办机构委托居住地社保经办机构进行异地协助认证。出境定居的退休人员，通过我国驻该居住国的使领馆申办健在证明或领事认证，居住地尚未与我国建交的，由我国驻该国有关机构或有关代管使领馆办理健在证明或领事认证。

社保经办机构应通过资格认证工作，不断完善退休人员信息管理，对发生变更的及时予以调整并根据资格认证结果进行如下处理：第一，退休人员在规定期限内通过资格认证且符合养老保险待遇领取资格的，继续发放养老保险待遇；第二，退休人员在规定期限内未认证的，社保经办机构应暂停发放基本养老金。退休人员重新通过资格认证后，从次月恢复发放并补发暂停发放月份的基本养老金；第三，退休人员失踪、被判刑、死亡等不符合领取资格的，社保经办机构应暂停或终止发放基本养老金，对多发的养老金应予以追回。

（三）基本养老金计发

1. 新人新制度

国发2号文实施后参加工作、个人缴费年限累计满15年的人员，退休后按月发给基本养老金。基本养老金由基础养老金和个人账户养老金组成。退休时的基础养老金月标准以当地上年度在岗职工月平均工资和本人指数化月平均缴费工资的平均值为基数，缴费每满1年发给1%。个人账户养老金月标准为个人账户储存额除以计发月数，计发月数根据本人退休时城镇人口平均预期寿命、本人退休年龄、利息等因素确定。

2. 老人老办法

国发2号文实施前已经退休的人员，继续按照国家规定的原待遇标准发放基本养老金，同时执行基本养老金调整办法。机关事业单位离休人员仍按照国家统一规定发给离休费，并调整相关待遇。

3. 中人逐步过渡

国发2号文实施前参加工作、实施后退休且缴费年限（含视同缴费年限，下同）累计满15年的人员，按照合理衔接、平稳过渡的原则，在发给基础养老金和个人账户养老金的基础上，再依据视同缴费年限长短发给过渡性养老金。《通知》明确，全国实行统一的过渡办法。对于2014年10月1日前（简称改革前，下同）参加工作、改革后退休的"中人"设立10年过渡期，过渡期内实行新老待遇计发办法对比，保底限高。即，新办法（含职业年金待遇）计发待遇低于老办法待遇标准的，按老办法待遇标准发放，保持待遇不降低；高于老办法待遇标准的，超出的部分，第一年退休的人员（2014年10月1日至2015年12月31日）发放超出部分的10%，第二年退休的人员（2016年1月1日至2016年12月31日）发放20%，依次类推，到过渡期末年退休的人员（2024年1月1日至2024年9月30日）发放超出部分的100%。过渡期结束后，退休的人员执行新办法。

4. 特人特规定

国发2号文实施后达到退休年龄但个人缴费年限累计不满15年的人员，其基本养老保险关系处理和基本养老金计发比照《实施〈中华人民共和国社会保险法〉若干规定》（中华人民共和国人力资源和社会保障部令第13号）执行。《实施〈中华人民共和国社会保险法〉若干规定》规定：参加职工基本养老保险的个人达到法定退休年龄时，累计缴费不足15年的，可以延长缴费至满15年；社会保险法实施前参保、延长缴费5年后仍不足15年的，可以一次性缴费至满15年。参加职工基本养老保险的个人达到法定退休年龄后，累计缴费不足15年（含依照第二条规定延长缴费）的，可以申请转入户籍所在地新型农村社会养老保险或者城镇居民社会养老保险，享受相应的养老保险待遇。参加职工基本养老保险的个人达到法定退休年龄后，累计缴费不足15年（含依照第二条规定延长缴费），且未转入新型农村社会养老保险或者城镇居民社会养老保险的，个人可以书面申请终止职工基本养老保险关系。社会保险经办机构收到申请后，应当书面告知其转入新型农村社会养老保险或者城镇居民社会养老保险的权利以及终止职工基本养老保险关系的后果,经本人书面确认后,终止其职工基本养老保险关系,并将个人账户储存额一次性支付给本人。

五、关系转移接续

根据国发2号文和《关于机关事业单位基本养老保险关系和职业年金转移接续有关问题的通知》及《机关事业单位基本养老保险关系和职业年金转移接续经办规程(暂行)》(以下简称"经办规程")的规定:参保人员符合以下条件的,应办理基本养老保险关系转移接续:第一,在机关事业单位之间流动的;第二,在机关事业单位和企业(含个体工商户和灵活就业人员)之间流动的;第三,因辞职辞退等原因离开机关事业单位的。县级以上社会保险经办机构负责机关事业单位基本养老保险关系和职业年金的转移接续业务经办。参保人员在同一统筹范围内机关事业单位之间流动的,只转移基本养老保险关系,不转移基本养老保险基金。省(自治区、直辖市)内机关事业单位基本养老保险关系转移接续经办规程由各省(自治区、直辖市)制定。转出地和转入地社会保险经办机构通过全国基本养老保险关系跨省转移接续系统,进行基本养老保险关系和职业年金转移接续信息交换。

(一)在机关事业单位之间跨省流动及从机关事业单位流动到企业的转接

1. 出具参保缴费凭证

参保人员转移接续前,参保单位或参保人员到基本养老保险关系所在地(以下简称转出地)社会保险经办机构申请开具《城镇职工基本养老保险参保缴费凭证》(以下简称《参保缴费凭证》)。转出地社会保险经办机构核对相关信息后,出具《参保缴费凭证》,并告知转移接续条件。

2. 转移接续申请

参保人员新就业单位或本人向新参保地(以下简称转入地)社会保险经办机构提出转移接续申请并出示《参保缴费凭证》,填写《基本养老保险关系转移接续申请表》。如,参保人员在离开转出地时未开具《参保缴费凭证》,由转入地社会保险经办机构与转出地社会保险经办机构联系补办。

3. 发联系函

转入地社会保险经办机构对符合转移接续条件的，应在受理之日起10个工作日内生成《基本养老保险关系转移接续联系函》，并向参保人员转出地社会保险经办机构发出。

4. 转出基本养老保险信息表和基金

转出地社会保险经办机构在收到《基本养老保险关系转移接续联系函》之日起10个工作日内完成以下手续：第一，核对有关信息并生成《基本养老保险关系转移接续信息表》；机关事业单位之间转移接续的，转出地社会保险经办机构应将缴费工资基数、相应年度在岗职工平均工资等记录在《基本养老保险信息表附表》；第二，办理基本养老保险基金划转手续。其中，个人缴费部分按记入本人个人账户的全部储存额计算转移。单位缴费部分以本人改革后各年度实际缴费工资为基数，按12%的总和转移；参保缴费不足1年的，按实际缴费月数计算转移。当发生两次及以上转移的，原从企业职工基本养老保险转入的单位缴费部分和个人账户储存额随同转移；第三，将《基本养老保险信息表》和《基本养老保险信息表附表》传送给转入地社会保险经办机构；第四，终止参保人员在本地的基本养老保险关系。

5. 基本养老保险关系转入

转入地社会保险经办机构收到《基本养老保险信息表》和转移基金，在信息、资金匹配一致后10个工作日内办结以下接续手续：第一，核对《基本养老保险信息表》及转移基金额；第二，将转移基金额按规定分别记入统筹基金和参保人员个人账户；第三，根据《基本养老保险信息表》及参保单位或参保人员提供的材料，补充完善相关信息；机关事业单位之间转移接续的，根据《基本养老保险信息表附表》按照就高不就低的原则核实参保人员的实际缴费指数。第四，将办结情况告知新参保单位或参保人员。

（二）从企业流动到机关事业单位的转接

转接流程同上，转移基金按以下办法计算：

1. 个人账户储存额

(1) 年度计算法（以上年月平均工资为缴费工资基数记账时适用此方法）

至本年底止，个人账户累计储存额＝上年底止个人账户累计储存额×（1＋

本年记账利率)＋个人账户本年记账金额×(1＋本年记账利率×1.083×1/2)

(2)月积数法(以上月职工工资收入为缴费工资基数记账时适用此方法)

至本年底止,个人账户累计储存额＝上年底止个人账户累计储存额×(1＋本年记账利率)＋本年记账额本金＋本年记账额利息

2. 统筹基金(单位缴费)

以本人各年度实际缴费工资为基数,按12%的总和转移;参保缴费不足1年的,按实际缴费月数计算转移。

(三)非正常情况下离开机关事业单位的转接

参保人员因辞职、辞退、未按规定程序离职、开除、判刑等原因离开机关事业单位的,应将基本养老保险关系转移至户籍所在地企业职工社会保险经办机构,按以下流程办理转接手续。

(1)原参保单位提交《机关事业单位辞职辞退等人员基本养老保险关系转移申请表》,并提供相关资料。

(2)转出地社会保险经办机构在收到《机关事业单位辞职辞退等人员基本养老保险关系转移申请表》之日起10个工作日内完成以下手续:第一,核对有关信息并生成《基本养老保险信息表》;第二,办理基本养老保险基金划转手续,转移基金额按规定计算;第三,将《基本养老保险信息表》传送给转入地社会保险经办机构;第四,终止参保人员在本地的基本养老保险关系并将办结情况告知原参保单位。

(3)基本养老保险关系转入。转入地社会保险经办机构收到《基本养老保险信息表》和转移基金,在信息、资金匹配一致后10个工作日内办结以下接续手续:第一,核对《基本养老保险信息表》及转移基金额;第二,将转移基金额按规定分别记入统筹基金和参保人员个人账户;第三,根据《基本养老保险信息表》及相关资料,补充完善相关信息;第四,将办结情况告知参保人员或原参保单位。

(四)欠费及重复参保情况下的转续

1. 参保人员转移接续基本养老保险关系前本人欠缴基本养老保险费的

由本人向原基本养老保险关系所在地补缴个人欠费后再办理基本养老保

险关系转移接续手续，同时原参保所在地社会保险经办机构负责转出包括参保人员原欠缴年份的单位缴费部分；本人不补缴个人欠费的，社会保险经办机构也应及时办理基本养老保险关系和基金转出的各项手续，其欠缴基本养老保险费的时间不计算缴费年限，个人欠费的时间不转移基金，之后不再办理补缴欠费。

2. 参保人员同时存续基本养老保险关系或重复缴纳基本养老保险费的

转入地社会保险经办机构应按"先转后清"的原则，在参保人员确认保留相应时段缴费并提供退款账号后，办理基本养老保险关系清理和个人账户储存额退还手续。

六、经办管理

（一）经办服务

人力资源和社会保障部负责在京中央国家机关及所属事业单位基本养老保险的管理工作，同时集中受托管理其职业年金基金。中央国家机关所属京外单位的基本养老保险实行属地化管理。社会保险经办机构应做好机关事业单位养老保险参保登记、缴费申报、关系转移、待遇核定和支付等工作。要按照国家统一制定的业务经办流程和信息管理系统建设要求，建立健全管理制度，由省级统一集中管理数据资源，实现规范化、信息化和专业化管理，不断提高工作效率和服务质量。

（二）基金监管

机关事业单位基本养老保险基金单独建账，与企业职工基本养老保险基金分别管理使用。机关事业单位养老保险改革应建立健全基本养老保险基金省级统筹；暂不具备条件的，可先实行省级基金调剂制度，明确各级人民政府征收、管理和支付的责任。基金实行严格的预算管理，纳入社会保障基金财政专户，实行收支两条线管理，专款专用。依法加强基金监管，确保基金安全。

第五节 补充养老保险：企业年金与职业年金

在国际上，职业年金制度的含义与企业年金制度通常被不加区别地使用，是指由雇主单位根据自身发展的战略需要和经济能力建立的，在国家法定公共养老金之外，为本单位雇员提供一定水平补充养老金的员工福利制度。因此，职业年金制度与企业年金制度，有时候也被称为私营年金制度（相对于国家公共养老金而言）、公司年金制度（举办主体通常为公司）或补充养老年金制度（相对于法定基本养老金而言）。我国目前对于职业年金制度与企业年金制度这两个概念，通常赋予不同的含义。一般情况下，我国企业年金制度是指企业依法为增加员工养老金福利、提高自身市场竞争力而在国家基本养老金的基础上建立的一种补充养老金制度，我国《企业年金试行办法》规定企业年金是指企业及其职工在依法参加基本养老保险的基础上，自愿建立的补充养老保险制度；而对于职业年金制度，按照《国务院关于机关事业单位工作人员养老保险制度改革的决定》（以下简称国发2号文）的规定"机关事业单位在参加基本养老保险的基础上，应当为其工作人员建立职业年金"，实际上是指在国家机关公务员（含参照公务员法管理的工作人员）、事业单位工作人员（合并称之为机关事业单位工作人员或国家公职人员）养老保险制度改革过程中，在将机关事业单位工作人员纳入国家基本养老保险制度的同时，为其建立的一种补充性的养老金制度。

一、企业年金

我国企业年金制度最初称为企业补充养老保险。20世纪00年代，国务院发布《关于企业职工养老保险制度改革的决定》，提出"企业补充养老保险"由企业根据自身经济能力，为本企业职工建立，所需费用从企业自有资金中的奖励、福利基金内提取；国家提倡、鼓励企业实行补充养老保险，并在政策上给予指导。同时，允许试行将个人储蓄性养老保险与企业补充养老保险挂钩的办法。补充养老保险基金，由社会保险管理机构按国家技术监督局发布的社会保障号码记入职工个人账户。这是我国首次明确企业年金制度的政策起点。企业年金的建立与管理如下：

（一）企业年金方案

根据《企业年金试行办法》的规定，建立企业年金，应当由企业与工会或职工代表通过集体协商确定，并制定企业年金方案。国有及国有控股企业的企业年金方案草案应当提交职工大会或职工代表大会讨论通过。企业年金方案应当包括以下内容：

(1) 参加人员范围；
(2) 资金筹集方式；
(3) 职工企业年金个人账户管理方式；
(4) 基金管理方式；
(5) 计发办法和支付方式；
(6) 支付企业年金待遇的条件；
(7) 组织管理和监督方式；
(8) 中止缴费的条件；
(9) 双方约定的其他事项。

企业年金方案适用于企业试用期满的职工。企业年金方案应当报送所在地区县以上地方人民政府劳动保障行政部门。中央所属大型企业年金方案应当报送劳动保障部。劳动保障行政部门自收到企业年金方案文本之日起15日内未提出异议的，企业年金方案即行生效。

（二）企业年金基金

企业年金基金由下列各项组成：

(1) 企业缴费；
(2) 职工个人缴费；
(3) 企业年金基金投资运营收益。

企业年金基金实行完全积累，采用个人账户方式进行管理。企业缴费应当按照企业年金方案规定比例计算的数额计入职工企业年金个人账户；职工个人缴费额计入本人企业年金个人账户。

（三）企业年金个人账户

职工在达到国家规定的退休年龄时，可以从本人企业年金个人账户中一次或定期领取企业年金。职工未达到国家规定的退休年龄的,不得从个人账户中提前提取资金。出境定居人员的企业年金个人账户资金,可根据本人要求一次性支付给本人。职工变动工作单位时,企业年金个人账户资金可以随同转移。职工升学、参军、失业期间或新就业单位没有实行企业年金制度的,其企业年金个人账户可由原管理机构继续管理。职工或退休人员死亡后,其企业年金个人账户余额由其指定的受益人或法定继承人一次性领取。

(四)企业年金基金投资运营

企业年金基金可以按照国家规定投资运营。企业年金基金投资运营收益并入企业年金基金。企业年金基金投资运营收益,按净收益率计入企业年金个人账户。建立企业年金的企业,应当确定企业年金受托人,受托管理企业年金。《企业年金基金管理办法》从受托人、账户管理人、托管人、投资管理人、基金投资、收益分配及费用、计划管理和信息披露、监督检查等方面对于企业年金基金的管理作出了全面规范。

二、职业年金

根据国发2号文的规定,机关事业单位在参加基本养老保险的基础上,应当为其工作人员建立职业年金。根据《机关事业单位职业年金办法》的规定,职业年金是指机关事业单位及其工作人员在参加机关事业单位基本养老保险的基础上,建立的补充养老保险制度,其适用的单位和工作人员范围与参加机关事业单位基本养老保险的范围一致。

(一)职业年金筹资办法

职业年金所需费用由单位和工作人员个人共同承担。单位缴纳职业年金费用的比例为本单位工资总额的8%,个人缴费比例为本人缴费工资的4%,由单位代扣。单位和个人缴费基数与机关事业单位工作人员基本养老保险缴费基数一致。根据经济社会发展状况,国家适时调整单位和个人职业年金缴费的比例。

(二)职业年金基金管理

职业年金基金由下列各项组成:单位缴费;个人缴费;职业年金基金投

资运营收益；国家规定的其他收入。职业年金基金采用个人账户方式管理。个人缴费实行实账积累。对财政全额供款的单位，单位缴费根据单位提供的信息采取记账方式，每年按照国家统一公布的记账利率计算利息，工作人员退休前，本人职业年金账户的累计储存额由同级财政拨付资金记实；对非财政全额供款的单位，单位缴费实行实账积累。单位缴费按照个人缴费基数的8%计入本人职业年金个人账户；个人缴费直接计入本人职业年金个人账户。职业年金基金投资运营收益，按规定计入职业年金个人账户。

（三）职业年金基金运营

实账积累形成的职业年金基金，实行市场化投资运营，按实际收益计息。职业年金基金投资管理应当遵循谨慎、分散风险的原则，保证职业年金基金的安全性、收益性和流动性。职业年金基金应当委托具有资格的投资运营机构作为投资管理人，负责职业年金基金的投资运营；应当选择具有资格的商业银行作为托管人，负责托管职业年金基金。委托关系确定后，应当签订书面合同。职业年金基金的具体投资管理办法由人力资源社会保障部、财政部会同有关部门另行制定。

（四）职业年金领取方式

（1）工作人员在达到国家规定的退休条件并依法办理退休手续后，由本人选择按月领取职业年金待遇的方式（本人选择任一领取方式后不再更改）：第一，可一次性用于购买商业养老保险产品，依据保险契约领取待遇并享受相应的继承权；第二，可选择按照本人退休时对应的计发月数计发职业年金月待遇标准，发完为止，同时职业年金个人账户余额享有继承权。

（2）出国（境）定居人员的职业年金个人账户资金，可根据本人要求一次性支付给本人。

（3）工作人员在职期间死亡的，其职业年金个人账户余额可以继承。除了符合上述职业年金领取条件之一的，不得从个人账户中提前提取资金。

三、职业年金（企业年金）关系的转移接续

工作人员变动工作单位时，职业年金个人账户资金可以随同转移。工作

人员升学、参军、失业期间或新就业单位没有实行职业年金或企业年金制度的,其职业年金个人账户由原管理机构继续管理运营。新就业单位已建立职业年金或企业年金制度的,原职业年金个人账户资金随同转移。根据《机关事业单位基本养老保险关系和职业年金转移接续经办规程(暂行)》(以下简称"经办规程")的规定:县级以上社会保险经办机构负责机关事业单位职业年金的转移接续业务经办。省内建立一个职业年金计划或建立多个职业年金计划且实行统一收益率的,参保人员在本省(自治区、直辖市)机关事业单位之间流动时,只转移职业年金关系,不转移职业年金基金;需要记实职业年金的,按规定记实后再办理转移接续。省内建立多个职业年金计划且各年金计划分别计算收益率的,参保人员在省内各年金计划之间的转移接续,由各省(自治区、直辖市)自行制定实施细则。转出地和转入地社会保险经办机构通过全国基本养老保险关系跨省转移接续系统,进行职业年金转移接续信息交换。

(一)职业年金转续的情形及基金转移的项目

1. 职业年金转续的情形

参保人员出现以下情形之一的,参保单位或参保人员在申报基本养老保险关系转移接续时,应当一并申报职业年金(企业年金)转移接续:

(1)从机关事业单位流动到本省(自治区、直辖市)内的机关事业单位;

(2)从机关事业单位流动到本省(自治区、直辖市)外的机关事业单位;

(3)从机关事业单位流动到已建立企业年金的新参保单位;

(4)从已建立企业年金的参保单位流动到机关事业单位。

2. 职业年金基金转移的项目

社会保险经办机构在办理职业年金转移接续时,需转移以下基金项目:

(1)缴费形成的职业年金;

(2)参加本地机关事业单位养老保险试点的个人缴费本息划转的资金;

(3)补记的职业年金;

(4)原转入的企业年金。以上项目应在职业年金个人账户管理中予以区分,分别管理并计算收益。

3. 职业年金的补记

参加机关事业单位养老保险人员在2014年10月1日后办理了正式调动或辞职、辞退手续离开机关事业单位的,应由原参保单位填报《职业年金补记申请表》,并提供其改革前本人在机关事业单位工作年限相关证明材料。转出地社会保险经办机构依据单位申请资料,协助计算所需补记的职业年金个人账户金额,生成《职业年金个人账户记实／补记通知》;原参保单位根据《记实／补记通知》向原资金保障渠道申请资金,及时划转至社会保险经办机构职业年金归集账户。社会保险经办机构确认账实相符后,记入其职业年金个人账户。

4. 职业年金的记实

参保人员在相应的同级财政全额供款的单位之间流动的,职业年金个人账户中记账金额无需记实,继续由转入单位采取记账方式管理。除此之外,职业年金个人账户中记账部分需在转移接续前记实。参保人员需要记实本人职业年金记账部分时,转出地社会保险经办机构应根据参保单位申请资料,向其出具《记实／补记通知》,记实资金到账并核对一致后,记入参保人员的职业年金个人账户。

(二)跨省(自治区、直辖市)在机关事业单位之间流动的转续流程

参保人员从机关事业单位流动到本省(自治区、直辖市)以外机关事业单位的,按以下流程办理职业年金转移接续:

1. 出具参保缴费凭证

参保人员转移接续前,参保单位或参保人员到职业年金关系所在地(以下简称转出地)社会保险经办机构申请开具《职业年金参保缴费凭证》。

2. 发年金联系函

新参保单位向转入地社会保险经办机构申请职业年金转入,转入地社会保险经办机构受理并审核相关资料,符合转移接续条件的,在受理之日起10个工作日内向转出地社会保险经办机构发出《职业年金(企业年金)关系转移接续联系函》;对不符合转移接续条件的,应一次性告知需补充的相关材料。

3. 转出年金信息表、基金

转出地社会保险经办机构在收到《年金联系函》后,在确认补记年金、记

实资金足额到账之日起10个工作日内完成以下手续：

（1）办理职业年金个人账户的记实、补记和个人账户资产的赎回等业务；

（2）核对有关信息并生成《职业年金（企业年金）关系转移接续信息表》；

（3）向转入地社会保险经办机构发送《年金信息表》，同时将转移资金划转至转入地社会保险经办机构职业年金归集账户；

（4）终止参保人员在本地的职业年金关系。

4. 职业年金关系转入

转入地社会保险经办机构在收到《年金信息表》和确认转移基金账实相符后，10个工作日内办结以下接续手续：

（1）核对《年金信息表》及转移基金，进行资金到账处理；

（2）将转移金额按项目分别记入参保人员的职业年金个人账户；

（3）根据《年金信息表》及参保单位或参保人员提供的材料，补充完善相关信息；

（4）将办结情况通知新参保单位或参保人员。

（三）职业年金与企业年金之间的转续

1. 从机关事业单位流动到企业的

参保人员从机关事业单位流动到已建立企业年金制度的企业，原参保单位或参保人员申请办理职业年金转移接续。参保人员存在职业年金补记、职业年金个人账户记实等情形的，转出地社会保险经办机构完成上述业务后，10个工作日内办结以下转出手续：

（1）受理并审核企业年金管理机构出具的《年金联系函》；

（2）转出地社会保险经办机构核对相关信息后生成《年金信息表》，将赎回的职业年金个人账户资金划转至新参保单位的企业年金受托财产托管账户；

（3）将《年金信息表》通过新参保单位或参保人员反馈至企业年金管理机构；

（4）终止参保人员的职业年金关系。参保人员再次从企业流动到机关事业单位的，在机关事业单位养老保险制度内退休时，待遇领取地社会保险经办机构将补记职业年金本金及投资收益划转到机关事业单位基本养老保险统筹基金。

2. 从企业流动到机关事业单位的

参保人员从已建立企业年金制度的企业流动到机关事业单位的，转入地社会保险经办机构按以下流程办理转入手续：

（1）受理参保单位或参保人员提出的转移接续申请，10个工作日内向其出具《年金联系函》；

（2）审核企业年金管理机构提供的参保人员参加企业年金的证明材料；

（3）接收转入资金，账实匹配后按规定记入职业年金个人账户。参保人员再次从机关事业单位流动到企业的，不再重复补记职业年金。参保人员从企业流动到机关事业单位的，原在企业建立的企业年金按规定转移接续并继续管理运营。参保人员在机关事业单位养老保险制度内退休时，过渡期内，企业年金累计储存额不计入新老办法标准对比范围，企业年金累计储存额除以计发月数，按月领取；过渡期之后，将职业年金、企业年金累计储存额合并计算，按照《机关事业单位职业年金办法》计发职业年金待遇。

3. 从企业再次流动到机关事业单位的

转入地社会保险经办机构按以下方式办理：

（1）从未参加企业年金制度的企业转出，转入的机关事业单位和原机关事业单位在同一省（自治区、直辖市）内的，转入地机关事业单位社会保险经办机构将参保人员保留账户恢复为正常缴费账户，按规定继续管理运营。

（2）从未参加企业年金制度的企业转出，转入的机关事业单位和原机关事业单位不在同一省（自治区、直辖市）内的，参保人员的职业年金保留账户按照制度内跨省转移接续流程办理。

（3）从建立企业年金制度的企业转出，按照从企业流动到机关事业单位的企业年金转移接续流程办理。

（四）职业年金账户的保留与标识

参保人员的职业年金基金不转移，原参保地社会保险经办机构在业务系统中标识保留账户，继续管理运营其职业年金个人账户：

（1）参保人员升学、参军、失业期间的；

（2）参保人员的新就业单位没有实行职业年金或企业年金制度的。社会保险经办机构在参保单位办理上述人员相关业务时,应告知参保单位按规定申请资金补记职业年金或记实职业年金记账部分,在记实或补记资金账实相符后,将记实或补记金额记入参保人员的职业年金个人账户。参保人员退休时,负责管理运营职业年金保留账户的社会保险经办机构依本人申请按照《机关事业单位职业年金办法》规定计发职业年金待遇。同时,将原参加本地试点的个人缴费本息划转资金的累计储存额一次性支付给本人。

(五)多个职业年金关系的处理

参保人员达到待遇领取条件时,存在建立多个职业年金关系的,应由待遇领取地社会保险经办机构通知其他建立职业年金关系的社会保险经办机构,按照规定将职业年金关系归集至待遇领取地社会保险经办机构。

第三章 养老保险制度公平性的理论分析

第一节 养老保险制度及其公平性

一、养老保险制度

(一) 养老保险制度公平性

养老保险制度是工业化社会发展的必然产物,自1883年在德国建立养老保险制度以来发展较快,一定程度上解决了劳动者老年生活保障的社会问题。养老保险制度在国外又称为老年保险或社会养老保险制度,社会养老保险制度在全世界发展迅速的重要原因是它具有再分配性质,以实现社会公平为目标;养老保险制度的目的是增强劳动者抵御老年风险的能力;养老保险制度是保障老年人的基本生活;可通过采取强制征集社会保险费(税)来形成社会养老保险基金支付给退休劳动者;养老保险制度是对达到国家规定退休年龄的劳动者,采取一定方式获得基本生活的一种社会保险制度;养老保险制度由政府主办,是保障法定老人基本生活的一种社会保险制度。

养老保险制度是社会保险制度的重要组成部分,是国家通过立法为退出劳动领域的老年人提供基本生活保障的一项社会制度。养老保险制度具有普遍性、保障性、公平性、共济性、强制性的特征,其中,公平性是养老保险制度的基本属性。所谓养老保险制度公平性是指对于绝大多数参保对象而言,享受着大体相同的保障水平,具体包括任何公民都有平等的权利参与到养老保险当中(即机会公平)、按照一致的养老保险参与规则(即过程公平)和在获得的最终保障结果方面不存在太大差异（即结果公平），其内涵包括缴费政策的公平、覆盖面的公平、保障水平的公平。养老保险制度的公平性也可以界定为国家养老资源分配的公平正义。

（二）我国养老保险制度公平性的内涵

我国养老保险制度的公平性是指全体社会成员都能平等地享有养老保险权益，它的内涵包括起点公平、过程公平和结果公平，三者有机统一。

1. 起点公平的养老保险制度

起点公平是实现养老保险制度公平性的基础，只有对全体社会成员施行规则统一的养老保险制度，才能保障他们的平等权利。人的生老病死是自然规律，老有所养是社会成员享有的基本权利。实现社会成员享有公平的养老保障是社会主义社会的本质要求。因为社会主义社会是一个更加注重社会公平和实现人人全面发展的社会，所以面向全体社会成员建立统一养老保险制度，会形成一种起点公平的保障。从制度层面而言，养老保险制度的起点公平体现在制度设计要遵循公平理念，规定参保人群和参保方式在全国统一。

2. 过程公平的养老保险制度

过程公平是指制度在实施中参保人缴费、政府对养老保险资源分配的均等性状况。马克思认为分配关系是一种客观存在的不以人的意志为转移的经济关系，分配就其决定性的特点而言，总是某一个社会的生产关系和交换关系以及这个社会的历史前提的必然结果，要求在劳动分配中对所有社会成员一视同仁。[1] 在国家为全体社会成员建立了基本养老保险制度之后，按照权利与义务的对等原则，劳动者在劳动期间只有缴纳养老保险费，才可以在退出劳动领域后享受养老保障待遇。养老保险制度为全体社会成员提供了基本生活保障，使他们在遭遇老年风险面临生活困境时得到物质帮助，这就为全体老年人的基本生存能力提供了一种过程的平等。从制度层面而言，养老保险制度的过程公平体现在制度实施中要遵循公平理念，规定养老保险的缴费比例和缴费基数在全国统一。

3. 结果公平的养老保险制度

结果公平是指全体参保者享受养老保险待遇的均等性状况。按照马克

---

[1] 周江霞. 分配问题的"生产"视角思考——基于马克思的分配思想[J]. 中共山西省委党校学报, 2021（第4期）：14—19.

思对公平的完整、有机联系的理解，它只是禀赋公平与过程公平的产物，如果禀赋公平与过程公平都很好地做到了，那么结果公平也就自然得以实现，即统一养老保险制度是一种再分配的调节手段，具有缩小城乡居民收入差距的功能，促进和实现了结果公平，即反映全体社会成员的养老金待遇水平实现公平。我国通过建立统一的养老保险制度，不但可以保障和满足全体社会成员年老时基本的生活需求，而且可以解决因养老保险制度不同带来的城乡之间、地区之间、人群之间养老保障待遇的不公平问题，真正实现养老保险制度的公平性。从制度层面而言，养老保险制度的结果公平体现在制度实现的效果或目标遵循公平的理念，规定享受养老保险待遇的年龄和保障水平要全国统一。

二、我国养老保险制度公平性的特点

（一）体现社会主义的本质

邓小平同志继承和发展了马克思主义理论，把科学社会主义的一般原则同中国的实际相结合，既坚持了科学社会主义的一般原则，又概括了中国特色社会主义的特殊性，指出社会主义本质是解放生产力和发展生产力的统一。公平的养老保险制度是中国特色社会主义的基础性制度安排，是与社会主义制度的发展紧密关联的。以前我国养老保险制度以城镇职工基本养老保险制度为主，实行典型的收入关联型制度，制度未覆盖无收入和低收入的人群。后来我国城乡养老保险制度的发展围绕社会主义制度的本质要求，结合我国社会主义初级阶段的特点，基于经济发展规律和国内外社会保险制度改革的经验，实施了新型农村社会养老保险制度和城镇居民养老保险制度，我国早已实现了城乡养老保险制度的全覆盖。目前，我国城乡养老保险制度的发展方向是"全覆盖、保基本、多层次、可持续"，完全体现了中国特色的养老保险制度。"全覆盖"是由社会主义的基本性质决定的；"保基本"是由我国仍处于社会主义初级阶段的基本国情决定的；"多层次、可持续"是中国特色的制度创新。社会主义制度对公平正义的孜孜追求既是制度最本质的规定，也是最终决定制度转型和定型的方向。实施我国统一养老保险制度是为了实现公平性，其灵魂是"人人享有老年基本生活保障"。未来实现统一养老保险制度既是完善社会主义制度的根本要求，是社会主义制度的重要组成部分，也是践行共享发展理念、保障和改善民生的具体体现。实现统一养老保险制度将会满足增强公平性、适应流动性、保证可持续性的要求，真正体现中国特色养老保险制度的特点，确保人人都可以获得公平公正的基本保障。

（二）以"共同富裕"为价值取向

共同富裕是马克思主义的基本追求，实现共同富裕是中国特色社会主义发展的目的，也是共享发展的目的。我国养老保险制度以追求社会公平为核心价值观，建立的初衷是保障老年人的基本生活，中国共产党在社会主义养老保险制度建设中，以"共同富裕"为价值取向，通过不断改革和发展养老保险制度，逐步扩大养老保险覆盖范围，最终实现人人享有养老保障，缩小社会成员之间的收入差距，实现社会公平正义。20世纪50年代，毛泽东同志首次提出"共同富裕"的概念，他指出，逐步实行农业的社会主义改造，而取得共同富裕和普遍繁荣的生活。邓小平同志继承和发展了毛泽东同志的共同富裕思想，明确指出社会主义的目的是全国人民共同富裕，不是两极分化，为了防止两极分化，国家必须维护社会公平，其中要建立和完善社会保障制度，即通过社会保障制度来缓解社会成员之间的收入分配差距。江泽民、胡锦涛同志多次强调共同富裕是社会主义发展的最终目的，社会主义生产力的发展是实现共同富裕的基础，通过共同富裕达到全民享有改革成果。党的十八大以来，习近平同志高度重视民生工作，多次发表重要论述明确"五大发展理念"（创新、协调、绿色、开放、共享），提出坚持共享发展理念，必须建立更加公平可持续的社会保障制度。党的十九大报告中明确指出：保证全体人民在共建共享发展中有更多获得感，不断促进人的全面发展、全体人民共同富裕。必须始终把人民利益摆在至高无上的地位，让改革发展成果更多更公平地惠及全体人民，朝着实现全体人民共同富裕不断迈进。中国共产党以"共同富裕"为价值取向不断完善和发展社会保障制度，养老保险制度是社会保障制度的重要组成部分，养老保险制度的发展依然以"共同富裕"为价值，实现统一和公平的养老保险制度，消除养老保险制度在城乡之间、地区之间和人群之间的差异，确保全体老年人享有基本保障。[①]

---

① 周作昂，兰想，唐依然，王艺儒．认识共同富裕[J]．四川省情，2022（第6期）：47—48．

（三）体现"以人为本"的原则

在马克思的人的自由全面发展的理论指导下，中国共产党的历代领导人长期以来坚持"以人为本"的原则，以"人民利益高于一切"为基本出发点，不断推进中国养老保险制度的形成与发展。在社会主义建设初期，毛泽东同志通过制定一系列政策和重要论述确立养老保险制度在国家中的地位与作用。20世纪50年代颁布的《中华人民共和国宪法》规定：中华人民共和国劳动者在年老、疾病或者在丧失劳动能力的时候，有获得物质帮助的权利，国家举办社会保险、社会救济和群众卫生事业，并且逐步扩大这些设施，以保证劳动者享受这种权利，实施国家保险型的养老保险制度，以体现社会主义制度的优越性。毛泽东同志在《论十大关系》中强调改善集体福利会提高工人的劳动生产效率，认为社会主义初级阶段的养老保险制度要与生产力发展水平相适应，以保障和改善人民群众的基本生活。[①]

邓小平同志立足我国实际情况，结合新环境的变化，在实践中不断丰富和发展了毛泽东同志的社会保障思想。通过对社会主义本质的论述，阐明发展经济、解放生产力，认为党和国家要切实关心人民的吃饭、就业、住房问题，建立退休制度，以解决人民生活的基本问题。以江泽民同志为核心的领导集体在建立社会主义市场经济体制的过程中，提出"三个代表"的重要思想，致力于改善和提高人民生活水平。在党的十五届五中全会的《中共中央关于制定国民经济和社会发展第十个五年计划的建议》中提出：要加快形成独立于企业事业单位之外、资金来源多元化、保障制度规范化、管理服务社会化的社会保障体系，为了配合国有企业的改革，20世纪末我国城镇企业职工基本养老保险制度率先实施社会统筹和个人账户相结合的制度模式，保障了退休职工的基本生活。21世纪初《中华人民共和国宪法修正案》明确规定国家建立健全同经济发展水平相适应的社会保障制度，确立了我国社会保障基金建设的基本原则。

党的十六大以来，党中央在推进社会主义现代化的过程中，提出科学发展观、和谐社会的重要思想，积极探索建立统筹城乡的社会保障制度。在党的十七大报告中指出：必须坚持"以人为本"，就是要以实现人的全面发展为

---

① 赵准.经济关系与经济学规律：从《论十大关系》看毛泽东的经济思想及其在今天的实现途径[J].河北经贸大学学报,2013(第5期):15—15.

目标,从人民群众的根本利益出发谋发展、促发展,不断满足人民日益增长的物质文化需要,切实保障人民群众的经济、政治和文化权益,让发展的成果惠及全体人民。以习近平同志为核心的新一代领导集体更是坚持从"以人为本"出发,履行执政为民的理念,在党的十八大报告中把"必须坚持人民主体地位"作为新的历史条件下夺取中国特色社会主义新胜利必须牢牢把握的基本要求的第一条。他指出,我们要依法保障全体公民享有广泛的权利,保障公民的人身权、财产权、基本政治权利等各项权利不受侵犯,保证公民的经济、文化、社会等各方面权利的得到落实,努力维护最广大人民根本利益,保障人民群众对美好生活的向往和追求。习近平同志强调,中国共产党要时刻注意倾听人民心声,顺应民意,保障人民权利,维护社会公平正义,解决好民生问题,使学有所教、劳有所得、病有所医、老有所养、住有所居,不断实现好、维护好、发展好最广大人民根本利益,使发展成果更多更公平地惠及全体人民,在经济社会不断发展的基础上,朝着共同富裕方向稳步前进。在党的十九大报告中指出,坚持"以人民为中心"。人民是历史的创造者,是决定党和国家前途命运的根本力量。必须坚持人民主体地位,坚持立党为公、执政为民,践行全心全意为人民服务的根本宗旨,把党的群众路线贯彻到治国理政全部活动之中,把人民对美好生活的向往作为奋斗目标,依靠人民创造历史伟业。

中国共产党在社会主义社会建设实践中,不断继承和丰富马克思主义理论,通过不断完善和发展我国养老保险制度,以促进经济发展和维护社会公平。在全面深化养老保险制度改革中,养老保险制度从国家保险模式改革为社会保险模式;城镇养老保险制度发展为城乡一体养老保险制度;养老保障体系从单一发展为由基本保障、补充保障和慈善等构成的多层次保障体系;养老保险保障范围从城镇覆盖到农村;养老保险保障对象从就业人群到非就业人群。在养老保险制度发展历史阶段中自始至终贯彻了"以人为本"的理念,目前建立了世界最大的社会保障体系,为亿万人民生活兜底,收入越来越高、负担越来越轻、保障越来越多,彰显着一个政党以人民为中心的执政追求,体现着一个国家念慈在慈的为民情怀。

第二节 统一养老保险制度及其性质

一、统一养老保险制度

全民统一养老保险制度是指基于公民身份、统一适用于全体公民的养老保险制度模式,这一制度以公平为目标、以全民统一为基本特征。也有研究认为统一基本养老保险制度是养老保险全国统筹的内涵,具体包括统一管理机构、统一缴费比例、统一缴费基数和统一养老金计发办法。

这里提出的统一养老保险制度是针对我国目前有差异的城乡养老保险制度,取消城乡户籍和职业身份的概念,统一按公民身份划分参保人群,在参保人群、参保方式、统筹层次、政府责任、领取年龄、保障水平实行全国统一,以实现全体国民基本养老保险权益的共享,真正实现养老保险制度的公平性。

二、统一养老保险制度的性质

统一养老保险制度是针对我国目前有差异的城乡养老保险制度,取消城乡户籍和职业身份的界定,统一按公民身份划分参保人群,建立统一的养老保险制度,该制度在参保人群、参保方式、政府责任、统筹层次、领取年龄、保障水平方面实行全国统一。统一养老保险制度的具体性质如下:

(一)社会性

马克思主义认为人类社会发展的最基本动力是生产力的发展,真正推动社会发展的主体是人民群众,人民才是创造历史的动力。人的需要决定了一切生产活动的出发点。在人类社会发展中,生、老、病、死是自然规律,每个人都要面临老年问题,为了满足其老年生活需要,就有必要建立养老保险制度。而养老保险制度属于分配范畴,是对部分剩余产品或国民收入的一种特定的分配和再分配,是一种特定的分配关系,它具有社会属性。马克思指出,在产品分配之前,它是:①生产工具的分配;②社会成员在各类生产之间的分配(个人从属于一定的生产关系)……这种分配包含在生产过程本身中并且决定生产的结构,产品的分配显然只是这种分配的结果。[①] 马克思在指出,建立国家工厂,国家保证所有的工人都有生活资料,并且负责照管丧失劳动力的人。养老保险是一项社会化的事业,任何个人和团体都无法使养老保险实现其功能的社会化。[②] 只有通过国家、政府的权威性以及立法的形式来实施,才能保证养老保险制度的统一性和公平性。建立养老保险制度的目的是满足老年人的基本生活需要,为了使养老保险制度在实施范围、管理和制度目标方面实现社会化,政府是实现养老保险制度社会功能的管理者、组织者和承担者,政府通过履行制度设计、财政支持、统一管理等职能,实现养老保险制度的统一性。

(二)共享性

一国养老保险制度的变革与社会经济发展是相适应的,我国养老保险制度的变迁经历了计划经济到市场经济的演变,现在我国正处于一个共享经济发展的时代,统一养老保险制度的共享性是指社会成员公平、有偿地共享一切社会养老保险资源,彼此以不同的方式付出和受益,共同享受经济发展带来的改革红利。通过共享实现社会养老保险资源的优化配置,这是人类文明一贯的追求。从社会经济发展历史看,共享经济理念具有闲置资源的社会化再利用和用户需求的个性化配置两大优势。共享是具有一定门槛的社会合作模式,需要一系列的配套设计。科学与合理的养老保险制度要具有对未来变化的分享性和包容性,全国统一的城乡居民基本养老保险制度具有这样的特点。统一养老保险制度的共享性是时代赋予的新属性,也是社会成员共享社会经济发展的改革红利。实现统一养老保险制度是为了适应人口和职业流动加快的趋势,通过建立更加便捷的养老保险转移和接续机制,全面实现制度和人员并轨,增强养老保险制度的统一性。

---

① 宁学平,刘尚希. 对马克思社会总产品分配理论的再认识[J]. 财政研究,1992(第1期):9—22.
② 白铭. 正确认识马克思关于社会总产品的分配理论[J]. 贵州财经学院学报,1995(第1期):54—56.

（三）保障性

保障性是养老保险的基本属性。基于马克思关于人的需要的阐述，需要是人的本性，人类通过各种社会实践活动来满足自身的需要，每个劳动者在年轻时通过劳动参加养老保险制度，为自己年老时储备养老金，以获得老年生活的保障。养老保险制度是保障老年人群基本生活需要的一项社会经济制度。老年人的基本生活需要包含提供的保障项目应与老年人生存直接相关、提供的保障水平应限于老年人的基本生活需要费用两层含义。我国实现统一养老保险制度的目的是保障老年人群基本生活需要，为了满足全体老年人日益增长的养老保障需求，随着生产力发展水平的提高，将不断提高养老保险的待遇水平。

（四）公平性

公平性是养老保险制度追求的终极目标。按照马克思的公平理论，社会养老财富的平等分配是实施养老保险制度的基本出发点，退出劳动领域的老年人是社会弱势群体，政府举办养老保险制度是为了维护社会公平。养老保险制度是国家从社会公平出发，采取强制手段对社会资源进行再分配，为全体社会成员年老时提供基本生活保障，这是稳定社会和促进经济发展的一种基本经济制度。在现代社会中，公平是一种道德标准，公平既是社会政策制定的基本依据，也是社会成员实现基本保障权利的基本准则。基本养老保险制度自产生以来，在收入再分配领域发挥着重要的调节手段，国家通过养老保险立法采取强制手段对养老保险资源进行再分配，为全体劳动者在年老后提供基本生活保障，以维护社会公平。

（五）共济性

共济性是养老保险制度的内在属性，是实现养老保险制度可持续性的目标所在。马克思和恩格斯认为资本主义保险制度具有分摊损失与补偿损失两大职能。补偿风险的保险费，只是把资本家的损失平均分摊，或者说，更普遍地在整个资本家阶级中分摊。这种基金是收入中既不作为收入来消费，也不一定用作积累基金的唯一部分，它是否事实上用作积累基金或者只是用来补偿再生产的短缺，取决于偶然的情况。养老保险是社会保险制度的重要组成部分，它是一种分散老年风险的保障机制，是集中分散的社会资金，补偿因老年风险而造成的损失，全体社会成员共同支付的养老保险费是对老年风险导致的损失予以补偿，养老保险制度的共济性越强，其抵御老年风险的能力越强。养老保险制度的共济性表现为：一方面是养老保险基金筹集的社会化，城乡基本养老保险缴费由国家、雇主和个人三方负担，并从中划出部分作为社会统筹基金；另一方面是养老保险基金营运收益的社会化，养老保险基金营运收益全部并入基金并免征税费，归全体参保人共有，而并不按个人缴费多少分享。

（六）互助性

互助性是统一养老保险制度的基本属性，是按照大数法则的原理，由全体用人单位共担劳动者的老年风险。统一养老保险制度是个人按统一的缴费比例缴纳形成的，这种统筹支付与管理充分体现了全社会的互助性原则。虽然每个用人单位的养老保险基金扣除、存储、分配和使用在数量与时效上是不相等的，但是社会统筹的养老保险基金在全社会的不同企业、行业和地区之间可以互相调剂，因此，统一养老保险基金只有实行全国社会统筹，才能充分发挥互助性的作用，统筹范围越广，统筹的层次越高，互助性效果就越好，保障的程度也就越高。我国城镇企业职工基本养老保险制度已实行省级统筹，城乡居民养老保险制度实行县级或市级统筹，一是城乡基本养老保险制度之间统筹层次不统一；二是所有基本养老保险制度的统筹层次较低，养老保险基金调剂余缺的能力较弱。因此，未来统一养老保险基金要从市级统筹发展为省级统筹，最后实现养老保险基金的全国统筹，以提高养老保险基金抵御风险的能力，实现养老保险制度的可持续性。

（七）强制性

雇主和雇员的关系是投保人和被保险人的关系，雇主有义务为雇员缴纳养老保险费，世界大多数国家强制或半强制雇主为雇员缴纳养老保险费（或税），两者的关系是基于现存的劳动关系和劳动合同而发生的。养老保险制度是强制性保险制度，其实施必须通过国家层面的立法，这是确保制度正常运行的前提条件，通过立法采用社会统筹的方式向全社会统一征收养老保险费

（税）建立全国统一养老保险制度，使城乡劳动者在遇到年老风险时其基本生活得到保障。强制性是实施统一养老保险制度的组织保证，只有这样才能确保养老保险基金有可靠的来源。目前，我国企业职工基本养老保险制度和事业单位养老保险制度采取强制方式要求企业必须参保和缴费。同时养老保险基金是国家按照统一的标准和支付方式向全体劳动者发放，养老保险基金可以实行全国范围内的统一调剂使用，为了适应劳动者的流动性，城镇企业职工基本养老保险制度、机关事业单位养老保险制度、城镇居民养老保险制度和新型农村社会养老保险制度互为衔接，确保参保人在跨地区和跨制度方面的养老保险权益的实现。

第三节 养老保险制度公平性分析的理论基础

养老保险理论源于实践，而实践又以养老保险理论为指导。中外养老保险制度的理论与实践进程表明，养老保险制度安排实质是一种社会价值的选择。现代社会养老保险不仅是制度安排，还涉及整个社会经济资源的分配与社会公正、政府责任等，其成败从表面上看取决于现卖制度安排与政策实践，从本质而言受一定的理论基础与价值偏好的影响。追求社会公平的独特宗旨其实是人类社会发展进步的一种必然追求与崇高理念，而近现代社会学术界从经济学、政治学、管理学等理论研究社会公平，其研究内容丰富多彩。

关于公平有其理论的渊源，从西方国家柏拉图（Dlato）的理想国，到1C—17世纪英国的莫尔（St.Thomas More）、意大利的康帕内拉（Tommas Campanella），再到18世纪法国的摩莱利（Morelly），至10世纪的圣西门（Claude-Henri de Douvroy），空想社会主义均揭示了社会矛盾的根源在于社会的不平等，从而主张实现社会公平、促进社会成员的协调发展，它的贡献正是现代养老保险制度最基本、最深刻的思想基础。我国古代儒家文化主张人人平等、生活幸福、社会和谐的"大道之行，天下为公"的理想社会，提出大同社会论、仓储后备论、社会互助论、社会救济论等各种社会思想，追求社会公平成为民众和思想家始终坚持的价值取向,并成为现代社会养老保险制度追求公平的理论渊源。分析养老保险制度公平性有以下经典理论:

一、马克思主义理论

(一)公平理论

马克思认为公平属于人类社会所追求的一个崇高的目标,马克思公平观的形成与发展是一个复杂长期的曲折的过程,它在特定的历史时期,对社会公平问题进行了阐述,他主要通过对封建专制制度与资本主义剥削制度进行批判来研究公平问题,并运用历史唯物主义的方法论,对公平问题进行认真研究和系统总结,分别在《政治经济学批判》《资本论》《哥达纲领批判》经典著作中发表了其科学的公平观。马克思公平观的主要内容如下:

1. 公平应以人为根本出发点,保障人的全面自由发展

马克思认为社会不能脱离人而存在,人的存在是一切社会的首要前提,他曾强调:人的尊严以及保障人的基本权利是属于该社会公平合理的一个非常重要的标志,因为生产力相对落后和存在着剥削制度,人的权利很难得到应有的保障,所以必须改变该不合理状况。[①] 马克思提出的公平以劳动为依据,是维持社会再生产和维护广大劳动人民利益的标尺,养老保险制度发展的宗旨是为退出劳动领域的老年人满足其基本生活的需要,以实现老年人的尊严和基本生活权利。马克思认为真正的公平社会是要实现人的全面自由发展。马克思和恩格斯指出,代替那存在着阶级和阶级对立的资产阶级旧社会的,将是这样一个联合体,在那里,每个人的自由发展是一切人的自由发展的条件。其阐述表现在:一方面是劳动者在社会各个劳动领域参与劳动,各尽所能,通过劳动获得尊重和能力的全面发展,通过劳动获得参加养老保险的机会;另一方面劳动者不受社会制度和分工的约束,每个社会劳动者根据自己的特长和爱好来选择职业与工作地点。

2. 公平具有阶级性

公平属于一个历史的范畴,各个阶层追求的公平存在一定的差异性,不同人群对公平标准的理解是不同的。马克思认为公平思想属于一种历史的产

---

① 季素娇,戴锐. 马克思人的尊严思想及其启示[J]. 江西社会科学,2019(第6期):35—40.

物,而历史环境本身又将从前的漫长历史作为前提条件,不能将该平等观念视为永恒的真理。公平的标准随着历史的发展而变化,随着人类文明的每一次进步,当现在不公平的现象出现后就有新的公平产生和发展,其标准随历史的发展而变化。公平是由社会物质生产条件决定的,公平根据经济发展水平来确定,部分地应当根据概率论来确定,但这些扣除根据公平原则无论如何是不能计算的。恩格斯指出,如果群众的道德意识宣布某一个经济事实,如当年的奴隶制或徭役制是不公正的,这就证明这一经济事实本身已经过时,其他经济事实已经出现,因而原来的事实已经变得不能忍受和不能维持了。[1]这说明公平是社会分配的原则,如何实现社会公平是由社会生产关系决定的。

3. 公平具有历史性

公平的形成和发展具有一定的历史过程,人们对公平标准的认识不断发生变化,它是一个否定之否定的过程,新的公平是在否定之前公平的基础上产生和发展的。马克思指出,公平思想属于历史的产物,形成该思想观念,离不开一定的历史环境,然而该历史环境本身又将从前的漫长历史作为前提条件。因此,不能将该平等观念视为永恒的真理。同时,马克思认为人们对于公平的概念不是抽象的,而是具体的,不是固定不变的,而是处于不断变化之中的。对某些群体公平,不等于对社会全体成员的公平;在部分地区公平,不等于在全国范围的公平;对一代人公平,不等于对子孙后代的公平;在部分时期公平,不等于长期都能保持公平。[2]从马克思对公平问题的阐述中发现,公平的评价标准也具有历史性。人们以特定尺度来衡量社会公平,对社会制度公平性的评价都是和以前的制度相比较得出结论,因此评价公平的标准具有明显的主观性和差异性。

公平正义是中国特色社会主义的内在要求,中国共产党从成立以来,始终以马克思列宁主义为指导思想,在社会主义经济建设时期,坚持把马克思主义的普遍原理和我国的具体情况相结合,不断继承和发展马克思的公平观,始终将实现社会公平作为奋斗的目标之一。马克思的公平思想、立场、观点和方法是养老保险制度发展的直接理论基础与基本要求,对实现中国基本养老保险制度公平性具有重要的启示。公平是养老保险制度追求的核心理念,

---

[1] J.D. 贝尔纳,屈天鹏,刘则渊. 恩格斯与科学[J]. 中国社会科学文摘,2020(第11期):45—46.

[2] 崔淑芳. 论马克思的公平思想及对当前我国的影响[J]. 经营管理者,2010(第24期):58.

我国养老保险制度不公平体现在城乡之间、人群之间和地区之间存在的差异性，也符合马克思公平思想的历史性。因此，遵循马克思公平理论，在养老保险制度设计中要求全体国民享有平等的养老保障权益，维护起点公平；通过在不同群体、地区之间确定合理适度的养老保障待遇水平，实现结果的公平；真正发挥养老保险制度在收入再分配中的调节功能，只有这样才能在经济社会发展的基础上，逐步建立以起点公平、过程公平、结果公平为目标的城乡养老保险制度，才能为促进城乡社会经济发展创造稳定的社会环境。当然公平不意味着平均，而是在制度有差异性的前提下，保障每个人的机会均等，通过实现统一养老保险制度逐步缩小不同人群、行业和地区之间的差异，最终实现我国养老保险制度的公平性。

（二）社会总产品扣除理论

马克思从社会总产品分配的原理出发，阐述社会保障基金的必要性和来源。如果我们把"劳动所得"这个用语首先理解为劳动的产品，那么集体的劳动所得就是社会总产品。现在从它里面应该扣除，用来应付不幸事故、自然灾害等的后备基金或保险基金。马克思强调社会保障基金是社会总产品的一项扣除。这部分扣除是人们的剩余劳动所创造的剩余产品的一部分。他在《哥达纲领批判》中指出要对社会总产品扣除：第一，用来补偿消费掉的生产资料的部分；第二，用来扩大生产的追加部分；第三，用来应付不幸事故、自然灾害等的后备基金或保险基金。剩下的社会总产品中的其他部分是用来作为消费资料的。在把这部分进行个人分配之前，还得从里面扣除：第一，和生产没有关系的一般管理费用；第二，用来满足共同需要的部分，如学校、保健设施等；第三，为丧失劳动能力的人等设立的基金。[①]马克思一方面指出社会保障基金来源于"六项扣除"和个人创造的剩余价值，也是社会保障对社会生产资料和生活资料的必要补偿；另一方面指出社会保障基金的扣除同生产发展基金在社会发展中同样具有重要的作用，即使在资本主义社会消灭以后的社会主义也需要建立此基金。恩格斯在《反杜林论》中也做了相应的论述，他指出劳动产品超出维持费用而形成的剩余，以及生产基金与后备基金从这

---

① 陈林. 马克思社会保障基金筹集思想的当代启示 [J]. 广西经济管理干部学院学报, 2019（第2期）：6—10.

种形式积累,过去和现在都是一切社会的、政治的、智力的继续发展的基础。[①]

马克思的社会总产品扣除理论为我国加强养老保险基金管理提供了理论支持。养老保险基金是社会保障基金的重要组成部分,是保证养老保险制度正常运行的物质前提。按照马克思的"六项扣除"思想,养老保险基金对所有退出劳动领域的老年人提供基本生活保障,它来源于社会总产品的扣除,由国家通过立法确定养老保险基金的缴费比例和筹资机制及管理职责,明确政府在养老保险制度中的基本职责,国家根据社会生产力水平储备养老保险基金,不断增强养老保险基金的支付能力,积极应对人口老龄化,实现养老保险基金的供给和需求的平衡。而统一养老保险制度的重要体现是实现养老保险基金全国统筹,这将有助于促进养老保险制度的公平性,同时增强养老保险制度的互济能力。

(三)人的自由全面发展的理论

马克思和恩格斯在《共产党宣言》中指出,代替那存在着阶级和阶级对立的资产阶级旧社会的,将是这样一个联合体,在那里,每个人的自由发展是一切人的自由全面发展的条件。这充分说明马克思和恩格斯把每个人的自由全面发展作为人的发展和社会发展的最终目标。真正的人的发展必须是全社会的每个人的发展,而不是一部分人的或少数人的发展。恩格斯指出,把生产发展到能够满足所有人的需要的规模,结束牺牲一些人的利益来满足另一些人的需要的状况;彻底消灭阶级和阶级对立;通过消除旧的分工,通过产业教育、变换工种、所有人共同享受大家创造出来的福利,通过城乡的融合,使社会全体成员的才能得到全面发展。人的需要是在一定的社会关系条件下,通过人的自由自觉的实践活动得到的。马克思指出,在任何情况下,个人总是"从自身出发的",但从他们的彼此不需要发生任何联系这个意义上说,他们不是唯一的,由于他们的需要即他们的本性,以及他们求得满足的方式,把他们联系起来(交换、分工),他们必然要发生相互关系。马克思认为人的发展离不开社会,同样,社会由人组成,社会的发展也离不开人的发展,社会的全面发展是以人的全面发展为基础的,人在社会经济生活中具有双重作用,人既是生产者,又是消费者,作为生产者,人能创造财富;作为消费者,人需

[①] 张燕.恩格斯在《反杜林论》里对马克思主义的概述[J].佳木斯职业学院学报,2018(第7期):51—52.

要消耗财富。社会发展是一个自然历史过程，人的自由全面发展同样也是一个历史发展过程。① 人的需要是多层次的，恩格斯在《自然辩证法》中将人需要的对象分为生活资料、享受资料和发展资料。只有不断满足人的这些需要，才能充分发挥人在社会生产中的积极性和创造性，而生存的需要是最基本的需要，通过建立和发展养老保险制度才能满足人的基本生存需要。建立养老保险制度是为了满足老年人的基本生活需要，每个社会成员都会经历老年阶段，政府通过建立养老保险制度满足老年人的基本生活，通过建立多层次的养老保险制度满足老年人不同的养老保障需求。

  列宁把马克思和恩格斯的理想推进了一步，建立了第一个社会主义国家，实现了社会主义理论到现实的飞跃，开辟了人类历史的新纪元，建立了无产阶级政权，从此世界各国人民的反帝反封建的民主革命运动进入了一个新的历史时期，为人的自由全面发展创造了条件。中国共产党历届领导人继承和发展了马克思关于人的自由全面发展理论。毛泽东同志在《论十大关系》《关于正确处理人民内部矛盾的问题》中论述了关于工人阶级状况改善，发展人民群众物质、精神生活等思想。从社会主义本质的论述，再到科学发展观以人为本思想和当前五大发展理念，都是对社会主义初级阶段不同发展时期关于人的发展的思想的新阐释和具体化，也是马克思人的自由全面发展思想在当代中国的集中理论体现。② 满足劳动者的基本生活需要是建设我国统一养老保险制度的基本出发点。在我国社会主义初级阶段，因为生产力发展水平不高，所以人的自由全面发展仍然具有一定局限性。长期以来，在养老保险制度设计中缺乏公平理念，没有覆盖城乡居民，使得他们的养老保障需求未能得到满足。伴随社会经济的快速发展，城乡居民养老保险制度从试点推广到全覆盖，加之城乡居民养老保险的意识逐步增强，对实现统一和公平的养老保险制度的愿望越来越强烈。所以，必须通过加快推进统一养老保险制度的步伐，一方面满足城乡全体劳动者的养老保障需求；另一方面实现劳动者在跨地区与跨制度时其养老保险关系的顺利转移和接续，从而促进劳动者在全国范围的自由合理流动，最终实现劳动者自由全面发展的目标。

---

① 陶小平. 重读《共产党宣言》——关于马克思、恩格斯在《共产党宣言》中提示的"两个必然性"的思考[J]. 忻州师范学院学报, 2003（第5期）: 14—17+93.

② 赵准. 经济关系与经济学规律：从《论十大关系》看毛泽东的经济思想及其在今天的实现途径[J]. 河北经贸大学学报, 2013（第6期）: 15—19.

(四)城乡融合理论

马克思和恩格斯关于城乡融合的思想是一个完整的理论体系。在《1844年经济学哲学手稿》《德意志意识形态》《哲学的贫困》《政治经济学批判》《反杜林论》等经典著作的社会发展理论中,马克思、恩格斯基于唯物史观,不仅指出了城乡之间的区别、城乡分离的根源等,还揭示了生产力和生产关系之间的矛盾。基本观点如下:

1. 城乡分离与对立具有历史性

马克思在《资本论》中指出在社会经济发展中,商品交换以分工为基础,由此产生了城市和农村。城乡最大的区别就是城市代表着较大的社会经济规模与较高的人口密度,以及城市中的人与乡村中的职业存在着不同。恩格斯也指出"文明时代"以社会分工为基础,这种城乡分离使得从事农业和工业的人有实行这种巨大分工的可能。[①]在大城市中出现工业人口的集中,也反映了工农业发展水平还不够高,而且马克思和恩格斯认为城乡之间对立会贯穿于全部文明的历史过程。

2. 私有制是城乡对立的制度根源

马克思和恩格斯认为城乡之间的对立只有在私有制的范围内才能存在。私有制是资本主义社会的本质特征,城乡分离是人类历史上第一次真正的和最大的分工,该分工导致城乡之间的对立及其利益的对立,这种利益对立破坏了农村居民精神发展和城市居民体力发展的基础。

3. 城乡协调与融合是历史发展的大趋势

马克思和恩格斯认为未来生产力发展到一定水平后,只有建立了公有制才能消灭剥削阶级,才能消除城乡对立。而要实现城乡融合必须具备一定的物质条件和社会条件,同时马克思提出了促使城乡融合互动的措施,如工业和农业的有机结合、生产力的计划和平衡分布、城乡之间人口的平均分布等。

马克思主义关于公平分配思想和城乡"统一—对立—融合"的历史辩证法,体现了人类社会历史发展阶段中,社会分配实行公平性是人们始终追求的价值取向。受生产力发展水平的制约,出现了城市和农村的分离及对立的状况,伴随生产力水平的提高、社会主义公有制的建立,城乡融合成为社会历史发展的必然趋势,这符合人类社会演进的历史规律,其思想对实现我国城

[①] 马焕兰.马克思在《资本论》中的文化观探析[J].大众文艺,2018(第12期):235—236.

乡居民社会养老保险制度的整合具有重要的指导意义。从我国城乡社会养老保险制度发展的历史来看，早期受经济发展水平的影响，长期以来实行城乡二元经济体制，导致城乡社会养老保险制度长期分离，缺乏公平性和统一性。此外，在收入分配原则上对公平和效率进行了不同的排序，经历了计划经济时代的公平、转型经济时期的效率优先、市场经济时期的公平兼顾效率三个发展阶段。早期的保障人群只限于城镇国有企业职工、机关事业单位职工，伴随经济发展和人口结构的变化，社会养老保险制度从未覆盖城乡居民到覆盖全体城乡居民，城乡居民分离的社会养老保险制度到城乡居民统一的社会养老保险制度均体现了当今我国社会对公平价值观的追求，也符合中国特色社会主义制度发展的历史规律。

（五）社会系统理论

马克思在《德意志意识形态》经典著作中系统地阐述了社会系统的存在和发展与人类活动的关系，全面系统地分析了社会各要素、层次、结构及其产生和发展规律，揭示了人类历史发展之谜，这也是马克思唯物史观体系的形成过程，对我们科学认识社会系统存在和发展中的条件、掌握我国社会主义发展规律具有重要的理论和现实意义。[①] 马克思的社会系统论主要内容如下：

1. 社会生产是社会大系统存在的前提和唯物主义的基础

马克思针对黑格尔唯心史观提出了社会存在的前提和基础，这是一些现实的个人，是他们的活动和他们的物质生活条件，包括他们得到的现成的和由他们自己的活动所创造出来的物质生活条件。他指出人类生存、人类为了满足新的需要、人类自身的生产和社会关系的生产为历史前提。

2. 生产力和生产关系是辩证统一的关系

马克思不仅界定了生产力和生产关系各自的概念，还指出生产力决定生产关系，生产关系一定要适合生产力发展状况的规律，生产力与生产关系的矛盾是社会发展变化的根源。人们所达到的生产力的总和决定着社会状况。社会发展过程就是桎梏的旧的交往形式适应于比较发达的生产力……被新的交往形式所代替；新的交往形式又会变成桎梏并被新的交往形式所代替。马克思阐明了经济基础与上层建筑的辩证统一关系是构成社会系统的基本形态

---

① 张剑抒. 浅析马克思在《德意志意识形态》中的自由思想 [J]. 三门峡职业技术学院学报，2008（第3期）：88—91.

的重要思想。他指出在过去一切历史阶段受生产力所制约、同时也制约生产力的交往形式。恩格斯在晚年重点考察了上层建筑作为社会系统的另一基本要素，阐述了上层建筑的相对独立性和社会功能。①

3. 社会意识是社会系统的精神方面，是社会的最高层次

马克思指出一切意识都是物质关系的产物，观念、思维、人们的精神因素交往在这里还是人们物质关系的直接产物。恩格斯在晚年提出了"合力"思想，指出社会发展中人的意识不是单一的，而是一种合力，是一个系统，无论历史的结局如何，人们总是通过每个人追求他自己的、自觉预期的目的来创造他们的历史，而这许多按着不同方向活动的愿望及其对外部世界的各种各样的作用和合力，就是历史。

马克思的社会系统论观点阐明的经济基础与上层建筑的辩证统一关系，说明在我国社会主义初级阶段，因生产力发展水平不高，所以早期在养老保险制度设计方面没有覆盖城乡居民，使得他们的养老保障需求未能得到满足。伴随社会经济的快速发展，城乡居民社会养老保险制度从试点推广到全覆盖，加之城乡居民社会养老保险的意识逐步增强，对享有统一和平等社会养老保险制度的愿望较为强烈，只有尽快推进城乡居民社会养老保险制度整合，才能满足城乡居民的养老保障需求。这充分说明了社会主义生产力发展的目的是满足人民群众日益增长的物质生活需求。

（六）两种生产理论

马克思和恩格斯基于历史唯物主义基本观点，提出关于物质资料生产和人类自身生产的理论。恩格斯在《家庭、私有制和国家的起源》中明确指出：根据唯物主义观点，历史中的决定性因素，归根结底是直接生活的生产和再生产。同时，生产又不是单一和绝对的，分为以下两方面：一方面是生活资料，即食物、衣服、住房以及为此所必需的工具的生产；另一方面是人类自身的生产，即种族的繁衍。养老保险同物质资料的再生产和生产力的再生产有着密切关系。物质资料的再生产是养老保险制度发展的经济基础，生产力的再生产同养老保险也存在着重要的联系。马克思指出，社会的条件只能适应一定数量的人口。人的发展离不开社会，同样，社会由人组成，社会的发展也

---

① 高岭，卢荻. 马克思主义政治过程理论纲要——基于"经济基础—上层建筑"学说的拓展[J]. 政治经济学报，2019（第1期）：95—123.

离不开人的发展,社会的全面发展是以人的全面发展为基础的,人在社会经济生活中具有双重作用,人既是生产者,又是消费者,作为生产者,人能创造财富;作为消费者,人需要消耗财富。马克思的两种生产理论不仅揭示了人类社会发展的特殊规律性,还科学地说明了人类社会发展的一般规律性。正确认识人口和社会经济相互关系具有十分重要的意义。

人口老龄化是社会文明进步的重要标志,同时会给经济增长、产业演变、文化进步、社会发展等带来一系列的影响。结合我国实际情况,针对中华人民共和国成立后出现的人口增长与经济发展速度不相适应的新的人口问题,毛泽东科学地总结了中华人民共和国成立以来的实践经验,把马克思主义普遍原理与中国的具体实际相结合,20世纪50年代提出了要计划地控制中国人口增长问题的观点,逐步形成了适应中国国情的马克思主义人口思想。20世纪80年代我国开始实行计划生育的基本国策,有效地控制了人口增长过快的局面,但是伴随经济快速增长和科技进步,人民生活水平有了显著提高。人口预期寿命也在不断提高,我国成为世界上老年人口最多的国家,也成为一个未富先老的国家。老年人口不断增长的趋势对社会养老保险制度带来较大的支付压力,尤其在经济不能保持连续增长的新常态下,一方面要通过经济发展保障广大城乡老年人基本生活;另一方面城乡养老保险制度作为重要的社会政策要促进劳动力的再生产,同时养老保险的待遇水平与经济发展水平要协调,不能影响和阻碍社会经济的发展,要保证经济的可持续发展。

二、罗尔斯(John Rawls)等的分配正义理论

(一)罗尔斯的分配正义理论

20世纪70年代,罗尔斯在《正义论》中强调收入分配的公平正义,认为正义是衡量社会制度的首要价值,正义是社会制度分配中的基本权利和义务,决定社会合作产生的利益划分的方式。一个社会是否公正取决于这个社会中弱势群体的生活状况。他认为,完全竞争市场不能够创造和维持社会公平,必须在制度设计中保证公正的首要性,政府要在制度安排上对市场经济活动进行适当的干预与调控,缓解市场竞争造成的不公平现象。

基于罗尔斯的分配正义理论,养老保险制度保障对象是丧失劳动能力的

老年人，为了保证老年人都能够有尊严地生活，养老保险制度为老年人提供基本生活保障，使其能够分享社会进步的福利。虽然大部分老年人有一定的积蓄维持老年生活，但是部分老年人可能会存在生活困难的问题，政府举办的养老保险制度首先作为一项强制性制度，能够避免有些老年人无法维持生活，这是对竞争市场机制的补充；其次养老保险制度设计具有互济功能，体现社会对弱势群体的保护。

（二）罗默的分配正义理论

罗默（John C. Doemer）基于对马克思关于资本家剥削理论的补充与修订，提出资本剥削的根源在于初始分配的不平等。由于在私有制的资本主义制度下，工人不拥有生产资料，只能靠出卖劳动力维持生计，而资本家拥有丰厚的生产资料，靠剥夺工人的剩余劳动时间完成其财富积累。针对资本主义制度的弊端，为了解决社会中存在不正义的问题，罗默提出以"机会平等""应得正义""利益补偿"为核心的分配正义理论。首先，他认为公平的含义体现在每个人都能拥有公平竞争的环境，政府应该为所有成员创造一个公平的社会环境，包括政治地位和社会地位的平等，社会成员在此平等的前提下才会实现自我价值。其次，他认为正义是一种应得正义，虽然所有社会成员一样地努力，但是在实际中依然会存在非个人原因而陷入困境的人群，对这些弱势群体必然进行利益补偿。

基于罗默的分配正义理论，以瑞典为代表的福利国家实施普惠制的养老保险制度，通过建立覆盖全民的养老保险制度，实现养老保险制度的机会平等。因为每个劳动者都会面临老年风险，所以养老保险制度必须为每个劳动者提供平等的参与机会。同时，因个体客观存在差异而导致养老保险待遇出现不同的结果，说明养老保险制度替代率与收入呈反向关系，即中高收入者替代率较低而低收入者替代率较高，以体现利益补偿原则。

（三）诺齐克过程公平理论

诺齐克（Dobert Nozick）基于权利价值视角论述再分配的意义。机会均等和程序正义是诺齐克的核心思想，他不主张国家直接干预再分配，但是矫正的正义必须由国家进行干预。首先，他认为过程公平即结果公平，如果机会平等，过程平等就意味着结果是平等的；如果机会与过程是平等的，即使出现结果的不平等也无须纠正。其次，他认为确保个人权利是促进公平的主要形式。个人追求自身目标时不能违反道德约束，处置自身权利也不能影响别人的权利实现。

三、底线公平理论

底线公平理论是构建社会保障体系的理论依据。他认为底线公平的概念界定含有六个内容和三个特征指标，六个内容为：第一，底线公平首先强调政府的责任底线，即政府责任与市场作用的边界，强调建立政府、社会、家庭和个人之间合理共担的责任结构；第二，政府责任和能力也是有限的，为此，建立一个制度结构，即区分基础部分和非基础部分，也就是由底线部分福利制度、跨底线福利制度和非底线福利制度构成多层次的福利制度体系；第三，社会政策建立的重点应关注大多数人的基本利益，优先满足弱势群体和底层群众的迫切需要，符合全社会包括富裕阶层在内的根本利益；第四，底线公平因其能够直接地改善社会福利状况，所以能够明显地收获福利改善的社会效益而成为经济发展和社会公平的结合点；第五，底线部分福利因其具有基础性、确定性和稳定性，所以有助于降低和克服福利实践及福利研究中的模糊性与随意性；第六，将公平区分为无差别的公平和有差别的公平，可以有效地增强社会包容度，协调贫富各方利益，促进社会团结。底线公平应该包括生存权利公平、健康权利公平和发展权利公平三个特征指标。目前，我国基础养老金要求满足老年人的基本生活需求，体现了底线公平原则，全体社会成员享有的基础养老金具有一定的给付规则，具有确定性和稳定性。

底线公平理论既是责任理论，也是制度和机制理论。底线公平理论是社会保障制度的基本理念，是确定适度公平的基础。养老保险制度是社会保障体系的重要组成部分，底线公平理论也是养老保险制度深化改革遵循的理念，未来我国统一养老保险制度要区分政府和市场的界限，强调政府的责任底线，建立国家、企业、家庭和个人的共担责任机制。把底线公平理论作为着力解决"既保持发展活力，实现可持续发展，又能实现社会公平"的难题，推动我国养老保险制度实现全覆盖、人人共享，又与经济发展水平相适应的发展目标。

四、制度变迁理论

制度变迁理论的主要观点如下：

第一，制度是理解政治与经济之间的关系以及这种相互关系对经济增长影响的关键。制度提供了人类相互影响的框架，它们建立了构成一个社会，或确切地说一种经济秩序的合作与竞争关系。制度是一系列被制定出来的规则、守法秩序和行为道德、伦理规范，它旨在约束主体福利或效用最大化利益的个人行为。诺思指出制度是一个游戏规则，更规范地说，它们是决定人们的相互关系的系列约束。根据诺思对制度的解释，任何制度都是人与人之间的互动规则，人们在共同的社会规则下进行活动，让行为受到一定的约束，为社会交往提供确定的结构，从而使行为在人们的预定框架内进行，减少不确定性。

第二，信念是构建理解经济变迁过程之基础的关键。诺思（Douglass North）指出对个人信念与社会背景内在关联的深入探析，将展示出用来直接解释经济变迁的一整套文化与社会制度的关联机制。他解释其原因为：在信念体系和制度框架之间存在着密切的联系。信念体系是人类处境的内在诠释，制度则是人类施加在所处环境之上达到合一结果的结构。因而，信念体系是内在诠释，制度则是这种内在诠释的外在显现。[①]

第三，制度变迁的目的是达到某种合一的结果。诺思认为因为制度变迁对结果的影响程度与相关参与者的意图有关，所以意图和目的之间有一定的一致性。[②] 制度框架由政治结构、产权结构和社会结构组成，制度结构反映了社会逐渐积累起来的各种信念，而制度框架的变化通常是一个渐进的过程，反映了过去对现在和未来施加的各种约束。

第四，制度变迁必然受到既存制度的某种惯性的影响。诺思认为历史上的制度变迁表现出渐进的并且是路径依赖的特征。所谓路径依赖的特征是指由于报酬递增和交易费用过高，一旦制度在外部偶然性事件的影响下被社会采纳了，便会沿着一定的路径演进，进而被锁定，难以退出这条路径，而且很难为其他潜在的甚至更优的体系所代替。

---

① 陈豪，张慧. 浅析诺思制度变迁理论[J]. 广东经济，2017（第10期）：5.
② 高秉雄. 诺思的国家理论：一个新的分析框架[J]. 中国社会科学文摘，2019（第4期）：157.

上述观点表明制度可以视为一种公共产品,它是由个人或组织生产出来的,这就是制度的供给。因为人们的有限理性和资源的稀缺性,所以制度的供给是有限的、稀缺的。随着外界环境的变化或自身理性程度的提高,人们会不断提出对新的制度的需求,以实现预期增加的收益。当制度的供给和需求基本均衡时,制度是稳定的;当现存制度不能使人们的需求满足时,就会发生制度的变迁。制度安排指的是支配经济单位之间可能合作与竞争的方式的一种安排。制度安排旨在提供一种使其成员的合作获得一些在结构外不可能获得的追加收入,或提供一种能影响法律或产权变迁的机制,以改变个人或团体可以合法竞争的方式。

任何制度都有特定的使命和目标,养老保险是社会保险制度的重要制度,是基于社会公正、追求社会公平的制度安排。该制度的设计合理会影响未来制度的公平性和可持续性,科学合理的制度会使社会秩序更加有序。养老保险是政府通过立法为老年人提供基本生活保障的基本制度。它是社会成员为了应对丧失劳动能力或与生产资料分离后,由政府提供确保其基本来源的一种制度安排。这种制度安排既包括正式制度,即国家或社会提供的养老保险,也包括非正式制度,如传统的家庭养老。早在农业社会,家庭养老是主要的方式,随着生产社会化、工业化的不断发展,以及家庭结构的变化,家庭养老的功能将逐渐弱化,社会化的养老保障将成为未来养老保障的发展趋势,正如马克思所指出的,随着人类由农业社会进入工业社会和后工业化社会,家庭赡养功能就慢慢脱离家庭而社会化。

第四节 养老保险制度公平性实现的模式及其推进路径的框架分析

一、养老保险制度公平性实现的模式

养老保险制度产生已有一百多年的历史,各国养老保险制度在实践发展

中，因社会制度、经济发展水平、人口结构、政治体制、文化传统不同形成了不同模式的养老保险制度，这些制度模式因国情不同在覆盖范围、筹资方式、待遇支付水平上虽然存在一定的差异，但对稳定社会和促进经济发展发挥了重要作用。在国际上将养老保险制度从筹资模式划分为现收现付制、基金制和部分积累制三种；从制度模式分为福利国家型、社会保险型、强制储蓄型、国家保险型四种，每个模式具有的公平性各自不同。

（一）养老保险制度模式和特点

1. 福利国家型

这是与收入不关联的养老保险制度。20世纪40年代，英国建立世界上第一个福利制度，它是以贝弗里奇（William Ian Deardmore Deveridge）的社会保险理论为依据，贯彻公平性、普遍性和统一性的原则，国家通过征收社会保障税的形式，实行"均一制"的给付水平，全民享有从"摇篮到坟墓"的社会保险待遇。这种模式的代表国家有英国、瑞典及其他北欧国家。伴随发达国家经济发展滞缓和财政负担的加重，为了应对人口老龄化，世界银行提出由基本养老保险制度、补充养老保险制度和个人储蓄型养老保险制度构成的三支柱养老保险体系。福利国家型的养老保险制度的公平性体现在男女之间的公平、工作者和非工作者之间的公平、代际的公平。然而因为该制度只强调公平忽略了效率，所以制度存在互济性较差、部分人群因缴费能力不足不能享受待遇等不公平的问题。

2. 社会保险型

这是与收入相关联的养老保险制度。18世纪80年代，德国创立世界上第一个社会保险制度，它以德国俾斯麦（Otto Eduard Leopold von Dismarck）的理论为依据，坚持效率兼顾公平的原则，由国家、企业和个人三方负担保险费用，强调权利和义务相对等，待遇水平与个人收入相关联，其体系包括法定养老保险、企业养老保险和私人养老保险三部分，其中，法定养老保险是德国养老保险制度的主体，社会养老保险管理实行自治管理模式，均受到国家的监督。社会保险型的养老保险制度的公平性体现在覆盖面广和养老金待遇较高，基金制筹资模式促进了代际的负担公平，统一的养老保险管理体制保障了群体和区域之间领取养老金的公平性。该制度也存在公平性不足的问题，

-122-

例如，政府负担较重，养老保险体系较为单一，养老保险水平达不到公平性的要求，提前退休者和在职者之间的养老金水平差距较大。

3. 强制储蓄型

这是与收入相关联的养老保险制度。早在20世纪50年代新加坡建立了适合本国经济和文化的中央公积金制度，该制度是为了实现劳动者"居者有其屋"的目标，以达到社会稳定和经济发展，公积金由企业和劳动者个人缴费，基金由国家统一管理，坚持效率原则。20世纪80年代以智利为代表的拉丁美洲国家，实行养老保险制度改革的私营化，即政府通过法律使劳动者在职期间为养老进行强制性个人储蓄，由养老金管理机构进行投资经营，通过资本市场的运作使养老保险基金增值，从而有效地为劳动者退休后的生活提供经济保障。它是由国家立法，强制劳动者个人缴费，贯彻效率原则，但是这种制度不具备再分配和互助互济功能。智利养老保险实行私营化管理，即政府实施立法和监控，民营机构具体操作，个人账户强制储蓄，雇主不缴费，政府承担最终风险，养老金的投资运作由养老金管理公司负责。强制储蓄型养老保险制度的公平性在一定程度上体现机会均等和结果公平，但是存在养老保险保障水平不高、忽视公平性和不能体现互济性、国民之间的养老金差距较大的问题。

4. 国家保险型

这是与收入相关联的养老保险制度。它是以公有制为基础，坚持公平性的原则，与高度集中的计划经济体制相适应，由政府统一包揽并给予暂时和永久丧失劳动能力的社会成员提供保障的一项制度，其理论依据是马克思的社会总产品分配理论，由苏联创举并被东欧国家、蒙古、朝鲜、中国所采用。国家保险型养老保险制度的公平性在一定程度上体现了部分劳动者的起点和结果公平，但是存在政府或企业负担较重和缺乏效率的问题。近几年来，伴随着这些国家经济体制和政治体制的变革，国家保险型的养老保险制度基本已经不存在。

（二）养老保险制度的筹资模式和特点

1. 现收现付制

现收现付制是以短期横向基金收支平衡为原则的筹集模式。养老保险制度建立初期大部分国家采取此种模式，其特点是充分运用大数法则原理，能够发挥养老保险的互助共济和风险共担的功能。该筹集模式适用于一个国家人口结构相对比较稳定，即在职劳动者与退休者之间的比例较为均衡，它体现公平原则，但是此模式下的养老保险基金没有积累，难以应对人口老龄化对基金的需求。

2. 基金制

又称为完全积累制，它是以远期纵向平衡为原则的筹资模式。这种筹资模式要求劳动者从参加工作开始按工资总额的一定比例定期缴纳养老保险费，先积累后消费。当劳动者达到规定领取条件时，一次性领取或按月领取保险金。这种模式具有较强的激励和储蓄功能，体现效率原则，能够应对人口老龄化对养老保险基金的需求，但它不具有互助共济和风险分担功能，对养老保险基金的管理水平要求较高，面对通货膨胀，养老保险基金可能会出现贬值的风险。

3. 部分积累制

也称为部分基金制，是将现收现付制与完全积累制有机结合形成的一种养老保险基金筹集模式。它吸纳了两种模式各自的优点，将养老保险基金的一部分采取现收现付方式，保证当期基金的收支平衡；另一部分采取积累方式以满足个人未来支付需求，体现了公平兼顾效率。部分积累制的最大特点是在该模式下社会养老保险基金当年收支是不平衡的，但长期来看应是平衡的，该模式既有统筹互济功能，又有激励和储蓄功能。目前，我国城镇企业职工基本养老保险制度实行的"统账结合"是部分积累模式。

（三）养老金的多支柱模式

1. 世界银行的多支柱模式

伴随人口老龄化和养老金财政支出压力增大，目前世界发达国家采用"多支柱"的养老金模式，具体分为"三支柱"和"五支柱"养老金模式。

（1）"三支柱"养老金模式

世界银行在20世纪00年代发表的《防止老龄危机——保护老年人及促进增长的政策》中首次提出了"三支柱"的概念，第一支柱是由政府举办的公共养老金，采取强制方式，坚持公平原则；第二支柱是企业补充养老金，采取自愿方式，坚持效率兼顾公平原则，目标是提高保障水平；第三支柱是个人储蓄养老金，体现效率原则，目标是提高保障水平。"三支柱"养老金模式具有储蓄功能、再分配功能和保险功能。

表 3-1 世界银行"三支柱"养老金模式

	第一支柱 公共养老金	第二支柱 企业补充养老金	第三支柱 个人储蓄养老金
举办主体	政府	企业	个人
资金来源	政府、雇主和雇员	雇主和雇员	雇员
筹资模式	现收现付制	基金制	基金制
实施方式	强制	自愿	自愿
目标	缓解贫困	提高保障水平	提高保障水平
原则	公平	效率兼顾公平	效率

（2）"五支柱"养老金模式

在世界银行的建议下许多国家推行"三支柱"模式，然而在实践中面对低收入的人群和流动人口，实施强制性养老保险制度将许多劳动者排斥在制度之外，失去了养老保障的目的，于是世界银行在《21世纪的老年收入保障——养老金制度改革国际比较》中将先前的"三支柱"模式扩展为"五支柱"模式。在"三支柱"基础上增加了非缴费型的零支柱和非正规保障形式的第四支柱，零支柱是以消除贫困为目标的来自财政转移支付的基本支柱；第四支柱是非经济支柱，包括较为广泛的社会政策，如家庭赡养、医疗服务和社会政策等，目的是保障社会成员的基本生活。"五支柱"养老金模式既保障了制度外的弱势群体，也调动了社会力量参与养老保险的积极性（见表3-2）。

表 3-2 世界银行"五支柱"养老金模式

	零支柱国民养老金	第一支柱公共养老金	第二支柱企业补充养老金	第三支柱个人储蓄养老金	第四支柱非正规的保障
举办主体	政府	政府	企业	个人	社会
资金来源	政府	政府、雇主雇员	雇主和雇员	雇员	社会
筹资方式	财政转移支付	现收现付制	基金制	基金制	经济或非经济
实施方式		强制	自愿	自愿	强制（社会政策）
目标	消除贫困	缓解贫困	提高保障水平	提高保障水平	基本保障
原则	公平	效率兼顾公平	效率兼顾公平	效率	公平

2. 国际劳工组织的四层次模式

国际劳工组织认为各国的养老保险制度可以视不同的经济、政治、人口、环境灵活多变,并在世界银行三层次养老保险体系的基础上提出了四层次养老保障模式,第一层次是低生活标准;第二层次是代际再次分配;第三层次是个人生命周期的收入分配;第四层次是增加个人储蓄。

3. 国际货币基金组织的三级模式

国际货币基金组织强调了政府在养老保险制度中所扮演的重要角色,政府提供良好的政治、经济等外部环境,有利于制度的可持续性,包括实施有效的监管、提供充足的财政基础。国际货币基金组织还认为,成功的养老保险制度应同时达到化解老年贫困风险、平滑个人生命周期的支出、防范长寿风险的目标,而各国的社会经济环境各不相同,因此应因地制宜,制定不同的养老保险制度。据此观点提出了三级养老保障模式:第一级是强制性的以扶贫为目标的养老金;第二级是平滑一生消费的养老金,其存在的形式灵活,既可以是现收现付制也可以是基金制,根据需要进行选择;第三级是资源的养老金储蓄,采用基金制,满足高层次的需求。

4. 经济合作与发展组织的三支柱模式

经济合作与发展组织(Organization for Economic Co-operation and Development, OECD)认为各国应因地制宜,建立适合自己的养老保险制度,并据此提出了三支柱养老保险模式:第一支柱的财务制度采用现收现付制,起到反贫困的作用,由国家立法施行,公共部门经办;第二支柱的财务制度采用完全积累制,强制性施行,私营部门经办;第三支柱的财务制度采用完全积累制,自愿参加,私营部门经办。通过建立三支柱养老体系,来达到降低养老风险的目的,更好地平衡代际负担分布。

(四)养老保险管理体制模式

1. 政府直接管理模式

它是由政府主导实施一般的日常监督和管理。由政府负责制定养老保险相关政策和法令、检查与监督各项政策措施的具体实施情况,并负责养老保险基金的筹集、支付和保值增值等具体业务管理。例如,英国由社会保障部门统一管理社会养老保险,社会保障部门内部设政策规划局、法律事务局和财务管理局三个行政管理机构。在各地区设社会保险局,在县市设国民保险办事处,从中央到地方形成一个严密的管理网络。由中央政府部门对分权机构实施政策指导和日常监督,授权公共事务机构进行操作。

2. 政府和社会公共机构共同管理模式

它是由政府负责立法和监督,具体各项事业由社会公共机构负责管理。社会公共机构以雇主和劳动者为主体,政府发挥监督作用,实现具体业务与立法监督分别管理。例如,德国是政府和社会公共机构共同管理模式的代表国家,德国在各州设立了针对工人的养老保险机构,还设立了专门针对铁路雇员、海员和矿工的养老保险机构。由德国联邦统一制定和颁布社会保障相关法律,日常行政管理工作由联邦政府社会事务部负责。联邦劳动和社会部是社保的最高行政机关,负责养老保险的立法和监督工作。

3. 工会管理模式

它是指养老保险由工会联合会负责管理,在各级工会设立养老保险机构,鼓励工人代表参加和管理养老保险。采取这种管理模式的国家需要有强大的工会力量。瑞典、丹麦以及一些东欧国家曾采取工会管理模式。

(五)我国养老保险制度的改革模式

针对我国城乡分割和"碎片化"的养老保险制度,现有研究认为养老保险制度模式分以下几类。

1. 非供款型养老保险制度模式

面对人口老龄化加剧的趋势,我国为了满足广大农村居民对社会养老保障的需求,借鉴国外发达国家养老保险制度的经验,针对新型农村社会养老保险制度存在财政补贴可持续的问题和许多不富裕家庭没有能力参加保险的情况,建立非供款型养老保险制度,实施城乡老年津贴制度,其目的是提高居民的现实消费力,提高老年人及其家庭的生活条件,促进农村经济发展。

2. "大一统"的养老保险模式

针对我国养老保险制度的"碎片化"状况,要打破传统的城乡户籍限制以及职业限制,就应该构建"大一统"的模式,基于全国公民身份建立单一的养老保险模式。

3. 整合型的养老保险模式

瑞典基于养老福利的普遍性,通过整合多种养老保险制度,在20世纪末建立了多层次和多支柱的养老保险制度,满足了不同职业人群的养老保障需求,实现了养老保险制度的公平性。我国实现养老保险制度整合,要分流社会统筹资金和个人账户资金,建立三支柱的保障体系,兼顾国家、企业和个人的责任;推进城乡养老保险制度的渐进整合,建立"三位一体"社会养老保险体系,实现城乡一体化,确定公平合理的转移和接续办法与补差标准,提高保障水平。尽快打破养老保险"碎片化"的制度格局,将现存的五大制度整合为以企业职工基本养老保险、机关事业单位养老保险和城乡居民养老保险为核心的养老保险体系。

4. 城乡一体化的养老保险模式

在我国统筹城乡经济发展中,加快健全农村社会养老保险体系,积极推动城乡一体化社会养老保险发展的步伐,构建由政府、家庭、社区养老相结合的三维养老模式,通过制度构建以及基层公共服务体系的完善来解决农民特别是留守老人的养老问题。

5. 国民养老金制度

建立健全全民共享的国民养老金制度是世界各国养老保险制度发展的趋势,基于世界银行"五支柱"模式,整合城镇企业职工和有固定劳动关系农民工的社会养老保险制度,建立城乡职工社会养老保险制度;整合城镇居民和农村居民的社会养老保险制度,建立城乡居民社会养老保险制度,在此基础上将机关事业单位养老保险制度、企业职工基本养老保险制度和城乡居民养老保险制度三类进行整合建立国民养老金制度。

养老保险是国家提供的准公共产品,具有一定的历史性和阶段性,公平的标准随着历史的发展而变化,随着人类文明的每一次进步,当现在不公平的现象出现后就有新的公平产生和发展,其标准随历史的发展而变化,公平是由社会物质生产条件决定的,根据不同阶段的生产力发展水平满足劳动者的养老需求,我国城乡基本养老保险从多元制度并存最终实现制度统一,既符合基本养老保险制度的发展规律,也符合马克思的公平思想。

我国现行的城乡居民养老保险、企业职工基本养老保险和机关事业单位养老保险均是收入关联型的养老保险制度,虽然体现了效率优先的原则,但是这三种养老保险制度在全国的政策不统一，导致人群之间、地区之间存在较大差异，影响了养老保险制度的公平性。养老保险制度的模式变化与一国经济发展水平、人口结构、经济体制的转变是同步的。我国养老保险制度模式从计划经济时代的国家保险型转变为市场经济时代的社会保险型，筹资模式从现收现付制转变为部分积累制，养老保险制度模式变化是为了实现更加公平。

为了消除现行养老保险制度在城乡之间、人群之间、地区之间的差异，统一养老保险制度遵循公平优先的原则，按公民身份参加养老保险制度，养老保险基金征缴实行全国统筹，养老保险制度设计在缴费比例、缴费基数、领取年龄、待遇水平上实行全国统一政策，真正体现养老保险制度的起点公平、过程公平和结果公平。

二、实现我国统一养老保险制度的路径

经济发展是养老保险制度的物质基础，在不同经济发展阶段养老保险制度采取不同模式，不同模式的养老保险制度体现了一定的公平性，未来建立统一养老保险制度是为了实现更加公平的目标，对此国内学者针对我国现行城乡二元和"碎片化"的养老保险制度提出分阶段改革养老保险制度。

（一）两阶段发展

城乡养老保险制度融合分为两个阶段，第一阶段（2008—2010年）从"相互分立"转变为"制度统一、标准有别"；第二阶段（2010—2030年）"制度统一、标准有别"转变为"城乡一体化"。建立国民养老金制度也分为两个阶段，第一阶段（2010—2020年）整合城乡养老保险制度，即整合城镇企业职工和有固定劳动关系农民工的社会养老保险制度，整合城镇居民和农村居民社会养老保险制度，推行机关事业单位养老保险制度；第二阶段（2020—2030年）建立国民养老金制度，借鉴欧盟经验，基础养老金由政府补贴和个人缴费，个人持有"一卡通"，国民养老金制度具有便携性和衔接性。

（二）三阶段发展

通过三步走的发展思路实施城乡基本养老保险制度的统一。我国养老保

险制度的改革应坚持公平正义与共享的原则，现阶段应通过三步走战略来消除机关事业单位与城镇居民养老保险制度之间、城乡之间的制度差异，最终实现城乡统筹。具体三步走的规划思路有：第一步为新农保和城镇居民基本养老保险的一体化；第二步为城乡居民基本养老保险与城镇职工基本养老保险的一体化；第三步为机关事业单位基本养老保险与城镇职工基本养老保险的一体化。首先，建立统一的城乡居民基本养老保险；其次，将机关事业单位养老保险制度整合到城镇职工基本养老保险制度中，实现城乡养老保险制度衔接；最后，实现全国统一的社会养老保险制度。

结合我国社会经济发展的实际情况，养老保险制度公平性需要分阶段逐步来实现。因为经济发展水平是养老保险制度发展的前提条件，养老保险制度发展要和经济发展水平相协调，所以要实施三步走的发展思路，即第一步整合城乡养老保险制度；第二步衔接城乡养老保险制度；第三步实现全国统一的养老保险制度。同时，实现我国养老保险制度公平性需要政府遵循公平理念，从顶层设计统一养老保险制度，通过不断完善现行养老保险政策和采取配套措施才能实现养老保险制度公平性。

第四章 农村老年人养老的供需关系

第一节 农村老年人的健康水平

由于多重因素共同影响着老年人的健康过程和结果，对老年人健康的认识就必须通过更广泛的指标来衡量，而不仅仅局限在疾病、寿命这些常规指标上。而且，对老年人健康的衡量或评估应根据所针对的目标来开展，不同的目标下强调的重点和指标细化程度也应当有所不同。

一、应更全面地评估老年人的健康

对老年人健康的认识和评估是开展老年人照料服务的基础。而评估又必须建立在对老年人健康内涵和理念的理解上。关于健康、老年人健康的认识不断增加，经历了从没有疾病到一种躯体、心理和社会的完整状态，而不仅仅是没有疾病或虚弱，直至健康是老年人能够完成他们认为重要的事情所具备的根本属性和整体属性。健康内涵的演进表明不能再狭隘地把老年人的健康定义为没有疾病，而应该从多维度、从对重要生活内容影响的功能和结果的角度来看待老年人的健康。

"健康老龄化"很长时间以来是作为应对老龄化的一种理念得到了广泛的认同。但对于老年人来说如何区分他们是健康还是不健康却很难提出一个标准，例如，如果把没有疾病作为一个绝对标准，那么绝大多数老年人都处于不健康状态，因为他们大多患有一种甚至多种疾病，但有的疾病并未对其日常生活带来很大影响，依然能够独立生活甚至有较高生活质量。世界卫生组织为了制定老龄化公共卫生政策目标，基于整个生命历程全局把健康老龄化定义为：发展和维护老年健康生活所需的功能发挥的过程。其中，功能发挥是指个体能够按照自身观念和偏好来生活和行动的健康相关因素。由个人内在能力与相关环境特征以及两者之间的相互作用构成；内在能力是个体在任何时候都能动用的全部身体机能和脑力的组合；而在健康老龄化中对环境的定义很广泛，包括组成个体生活背景的所有因素——从微观到宏观层面的家庭、社区和社会因素，如建筑环境、人际关系、态度和价值观、卫生和社会政策、支持系统及其提供的服务等。

世界卫生组织采用了疾病、寿命、日常生活自理能力、工具性日常生活自理能力、心理健康等指标来衡量老年人的健康状态。而对于老年人功能发挥明显缺失和照护依赖的考量则主要采用日常生活活动能力量表。我国农村老年人的照料需求是基于身心健康多方面条件形成的综合结果，需要从多个维度去测评，只侧重身体或心理的单一维度评估是不够的；此外，客观身体心理状况的评估固然不可缺少，但老年人究竟是否需要他人照料还应当参考他们自身的主观意愿。因此，在世界卫生组织常用衡量指标的基础上，本研究进一步考察农村老年人主观自评健康指标，进而对照料需求有更全面地了解。

二、劳动力外流与农村老年人的健康：对作用路径的探讨

尽管基因、遗传等生物学因素是影响人们在晚年期健康结果的主要因素，但社会经济因素也在发挥越来越难以忽视的作用。而社会环境、家庭环境等因素作为我国当前正发生剧烈变化的因素，可能也对老年人的健康带来影响。其中对于农村老年人来说，尤其值得关注的是其社会网络中的核心成员——子女的外流是否对他们的健康产生作用？诚然除了劳动力外流外其他城镇化的因素很可能也会对老年人健康有影响，如就地城镇化、村改居等，但相对而言，劳动力外流在中国农村范围更广、持续的时间也更长，因此这一领域的调查研究数据也比较丰富。面对数据资料的限制，下面主要集中在劳动力外流对农村老年人的健康影响方面。

从简单的逻辑关系来假设，有两大方面的因素会影响农村家庭留守老人的健康，一方面是自身的内在因素，如年龄、性别、已有的健康基础等；另一方面是外在因素，如经济条件、医疗条件、照料资源等。劳动力外流作为一种外部因素或力量，可能会对留守老年人的健康产生如下两种相反的作用路径

及结果。

作用路径一：劳动力外流→家庭中照料老年人的人力资源减少→孤独感抑郁程度等提升；及时就医受延误；家庭照料的可获得性减少→降低老年人健康水平。

作用路径二：劳动力外流→子女经济收入提高→子女对老年人的经济支持增加→老年人生活条件改善；获取更好医疗服务的机会增加；老年人生产劳动负担降低→提升老年人健康水平。

对这两种观点都分别得到了研究的支持。如，子女劳动力转移会导致潜在提供照料人数的减少和家庭养老质量的降低，从而对老年人的生活照料会产生很大的负面影响，并最终造成农村老年人福利和健康状况。尽管在农村公共养老服务缺失的条件下劳动力转移会给留守老人健康造成很大的负面影响，但劳动力转移对于农村家庭留守老人健康存在显著的促进作用，正向影响大于负向影响。在我们的分析中，为了了解子女外出对农村老年人的健康产生怎样的影响，把是否留守作为一个重要变量纳入研究，观察农村留守老年人（有子女外出）与非留守老年人（无子女外出）在健康方面的差异。

根据上述研究，我们拟从农村老年群体的角度探讨健康，并了解他们由于健康因素而产生对照料服务的需求。选取慢性疾病患病情况、躯体功能情况（日常生活自理能力、工具性日常生活自理能力）、心理健康水平（认知能力水平、抑郁水平）、自评健康状况这几个方面的指标进行初步衡量。

第二节 农村的照料服务供需状况

一、日常生活自理能力

在评价老年人照料需求的若干领域中，躯体功能状况对照料需求起着决定性的作用。本研究采用使用最为广泛的基础性日常生活活动（DADL）能力量表和工具性日常生活活动（IADL）能力量表来测量老年人的生活自理能力。其中，DADL用于评价老年人基本的日常生活独立活动能力，包括上厕所、进食、穿衣、梳洗、行走和洗澡六项。在研究中按照失能的项目数划分为四个自理程度等级：完全能自理（0项失能）、轻度失能（1—2项失能）、中度失能（3—4项失能）、重度失能（5—6项失能）。日常生活活动能力是维持基本生活的能力，如果受损或丧失，老年人独立生存的状态将难以维系，需要外界提供必要的照料或支持。

以往很多研究或实践中只采用DADL来测量老年人的自理能力，从而得出客观程度上需要照料的老年人数量，但事实上老年人的工具性日常生活自理能力即IADL这一指标也很必要。IADL用于评价老年人在现代社会环境中需要具备的日常生活活动能力。因为在现实生活中，尽管有些老年人完成基本日常生活活动没有困难，如吃饭、穿衣、行走等可以自理，但他们在做饭、购物、使用交通工具、理财等工具性的日常活动方面存在困难，需要由他人提供不同程度的帮助。特别是，有的农村男性老年人在丧偶后，常会面临因不会做饭而陷入困境，甚至这些现实生活中的困难会成为农村老年人入住养老院的主要原因。所以，对于IADL有缺失的老人仍需要得到他人照料。因此本研究在分析DADL的基础上，将IADL也纳入农村老年人身体功能状况的衡量范围。

农村留守老人IADL功能完好的比例略高于非留守老人，而功能低下和存在障碍的比例却低于非留守老年人，说明总体上留守老人的工具性日常生活自理能力更好。农村女性老年人的工具性日常生活自理能力比男性老年人更差。年龄越大的农村老年人其工具性生活自理能力的损伤程度也越高，特别是80岁及以上的农村老年人中，IADL功能完好的比例仅占一小部分。没有配偶的农村老年人工具性日常生活自理能力远低于有配偶者，所以处于无配偶状态的农村老年人在做饭、家务等日常活动中存在着诸多障碍。

但是，与日常生活起居紧密相关的DADL指标相比，IADL指标中存在某些障碍的老年人对他人的依赖性并不大。特别是在功能低下而非障碍的老年人中，可能即使没有他人照料也并不会对其生活有很大影响，如有的农村老人不会使用交通工具，但实际生活中真正必须使用交通工具的机会并不多。相对而言，只有当IADL失能项目达到六项及以上，存在严重的功能障碍时，老年人客观上的照料需求才会比较高。利用有效的工具对身体功能进行评估也应构成系统评估方法的一部分，DADL和IADL两种量表都应被纳入常规评

二、认知能力与抑郁水平

党的十九大报告中提出，完善社会救助、社会福利、慈善事业、优抚安置等制度，健全农村留守儿童和妇女、老年人关爱服务体系。其中，农村留守老年人的关爱服务必须在了解老年人心理健康状况的基础上才能更有效提供。

对于心理健康的概念，各国学者没有统一的定义。心理健康就是个人在与其他人心理上和谐相处的条件下，其生理、智力以及情绪上都处于最理想的状态。认知能力水平与抑郁水平是老年人心理健康的主要衡量指标。我们采用简易精神状态量表（MMSE）来测量农村老年人的认知能力情况，能够比较全面、准确地反映老年人的智力状态及认知功能缺损程度。虽然农村老年人总体认知水平良好，但其中的女性、高龄老年人认知能力相对较差，而且随年龄增加认知能力得分不断下降。认知能力得分低的老年人面临较大的失智风险，对失智老年人照料服务的强度和难度更大。

对于我国农村老年人心理健康的另一个指标——抑郁水平，采用抑郁量表（CES-D）来测量。量表中的9个项目中有3项表示积极情绪情况（心情很好、日子过得不错、很多乐趣），2项表示消极情绪情况（感觉孤单、心里难过），2项表示情感边缘化情况（感觉没用、没事可做），还有2项表明躯体症状情况（食欲不振、睡眠问题）。被调查老年人在过去一周经历的每一个感受或症状频率计为0（没有）、1（有时）、2（经常）。抑郁程度的得分范围从0—18，得分越高表明抑郁的程度越高。

相对于没有子女外出的农村老年人来说，有子女外出打工的农村留守老人感到孤独的比例更高。应当说，劳动力外出对农村老年人心理上的影响更甚于身体的影响，子女外出后农村老年人更易感到孤独，而身体健康状况不佳的农村老年人却往往因为需要照料而制约了子女的长期外出，使得留守老年人在健康方面反而体现出优于非留守老人。这意味着对于大量的农村留守老年人，除了为不能自理或部分不能自理者提供照护帮助外，还要重视他们比较广泛存在的内在心理与精神需求，缓解其孤独感，保持良好的心理状态，防止抑郁、痴呆等疾病的发生。

三、自评健康和主观照护需求

健康自评是老年人对自身健康水平的一个综合感受结果,认为自己"很不健康"的农村老年人更有可能需要他人的照料支持。不同特征农村老人主观照料需求呈现如下特点:

其一,就社会人口特征而言,女性老年人由于身体状况往往较差,因此女性老年人比男性老年人有着更多主观上的照料需求。随着年龄增长,老年人的身体状况逐渐变差,因此主观上认为自己需要得到照料的老人比例也逐渐增多,这一现象在80岁及以上的农村老人群体中显得更为突出。我国农村地区,配偶是承担其照料任务的主体,因此没有配偶的农村老人在日常生活中往往面临更多的困难,和有配偶的老人相比在主观上有更多的照料需求也不难理解。

其二,就老年人的健康因素而言,自理能力越差的老人主观上的照料需求也越大。健康因素始终是影响老人照料需求的关键因素,自身的身体状况以及能否自理往往是老人考虑自己是否需要生活照料的出发点。具体来说,生活自理能力完好的老人当中,只有一少部分的人认为自己需要得到照料,但随着自理能力损伤程度的加重,主观上认为自己需要得到照料的老人比例也越来越高。自理能力轻度受损的老人当中,极少部分的老人有主观上的照料需求,对于自理能力重度受损的老人而言,超过九成的老年人有主观上的照料需求。

其三,就社会经济地位因素而言,经济条件越差、文化程度越低以及所在地区越落后的老年人主观上的照料需求也越多。具体来说,在文化程度方面,农村没上过学的文盲老年人的主观照料需求比上过学的老年人的照料需求更高,因为文化程度往往和社会经济地位的高低相联系,农村文盲老人的社会经济地位无疑是社会的最底层,经济条件、身体状况都处于较差的水平,因此也需要得到更多的照料。在经济收入方面,年收入在5000元以下老人的主观照料需求高于年收入5000—10000元以及10000元以上的老人,经济收入越低的老人,其生活状况及身体健康状况也越差,因此更希望得到他人的照料。在居住地区的差异方面,与中部地区,特别是东部地区的老人相比,西部地区的老人无论是生活的自然环境还是经济条件都处于劣势地位,生存处境更为艰难,身体状况往往也是最差的,因此也有着更高的照料需求。

其四,就家庭因素而言,非留守老人和留守老人相比反而有更多的主观照料需求。根据家庭生命周期理论,老年人年龄越大、身体越差、其成年子女外出务工的可能性也就越小,他们成为留守老人的可能性也就越低,这部分老年人由于身体状况较差,因此更期望得到子女或者他人的照料,所以和留守老人相比,他们有更多的照料需求。

在孤独感方面,有子女外出打工的农村留守老人感到孤独的比例更高,经常感到孤单的留守老人比例要明显高于非留守老人,劳动力外出对农村老年人心理上的影响更甚于身体的影响,子女外出后农村老年人更易感到孤独,而身体健康不佳的农村老年人却往往因为需要照料而制约了子女的长期外出,使得留守老年人在健康方面反而体现出优于非留守老人。这意味着对于大量的农村留守老年人,除了为完全不能自理或部分不能自理者提供照护帮助外,还要重视他们比较广泛存在的内在心理与精神需求,缓解其孤独感,保持良好的心理状态,防止抑郁、痴呆等疾病的发生。而当前大部分农村地区还很难为失智老人提供更专业化的照料护理服务,随着农村人口高龄化趋势的不断发展,农村失智失能老年人的照护问题必然凸显出来。对于留守老人来说,缓解其孤独感,防止抑郁、痴呆等疾病的发生风险是关爱农村老年人体系中非常必要的内容。

此外,健康自评和农村老年人主观表达出来的照料需求也是照料服务提供所要参考的因素。自评比较不健康和很不健康的农村老年人比例约占三分之一,远高于城市老年人的水平。从主观意愿来看我国有极少数的老年人需要别人在生活起居上提供帮助,比较留守与否两类老年人的差异,非留守老人和留守老人相比反而有更多的主观照料需求。在居住地区的差异方面,与中部地区特别是东部地区的老人相比,西部地区的老人无论是生活的自然环境还是经济条件都处于劣势地位,生存处境更为艰难,身体状况往往也是最差的,因此也有着更高的照料需求。

调查分析表明我国失能、半失能农村老年人的数量和比例都相当庞大,对照料护理的需求大、持续时间长,既需要日常家务式的非专业化帮助,也需要专业化的医疗护理、康复等服务,这些照料与服务内容涉及医疗卫生、社会服务的若干领域,仅由家庭或社会某一个单一的角色来承担是不现实的,也是难以为继的。建立由个人、家庭、社会、政府合理分担的长期照料护理体系已是势在必行,而对老年人照料需求进行更为精准化、动态化的评估则是体系建立的基础和前提。

第三节 照料接受者与照料提供者的双重角色

必须承认的是,尽管老年人的角色更广泛地被认为是需要他人照料、支持的对象,但现实中大量的老年人不但不需要他人照顾,反而可能是照顾配偶、子女、孙子女等主要角色。而这种双重角色对处于剧烈城镇化中的农村老年人而言更加典型。

一方面,我国的养老服务供给能力要大幅提高、质量明显改善、结构更加合理,多层次、多样化的养老服务更加方便可及。而现有的社会养老服务资源是否契合农村老年人的照料需求,既是评价已有政策实施效果必须参考的指标,也是构建新时期社会养老服务体系不能忽视的基础信息。而养老服务供给的问题又必须根据老年人家庭的实际需求情况来讨论,其中的关键问题包括:哪些是需要照料的重点人群?谁在照料有需求的农村老年人?老年人已获得了哪些服务?还需要什么样的服务?

另一方面,作为照料提供者,农村老年人承担了哪些照料责任、负担如何?由于普遍的中青年劳动力外出,农村"空心化"使老年祖父母在照顾孙辈方面的责任加剧,下面将以照料孙辈为核心考察农村老年人作为照料提供者的角色。

一、作为照料接受者的服务获得情况

(一)首要照顾者

在我国,长久以来家庭成员一直是照料老年人的首要提供者,通常只有当家庭照料资源难以满足老年人的需要时才由社会化的照料服务来补充。

不同性别的农村老年人首要照料者有较大差异,男性老年人首要照料者

比例前五位的排序依次是：配偶、儿子、女儿、儿媳、其他亲属；而农村女性老年人的前五位照料者排序是：儿子、配偶、儿媳、女儿、保姆或小时工。超过一半的男性老年人由老伴照料，而需要照顾的农村女性老年人只有五分之一由老伴照顾，她们更多地靠儿子提供照料。与城市老年人相比，城市老年人照料者中儿子与女儿的比例相当，而农村老年人首要照料者中儿子的比例是女儿的近两倍，表明城市中儿子与女儿几乎承担了同等的照料老年父母的任务，而在农村照顾父母则更多地由儿子来承担，女儿起辅助作用。如何提高社会照料的供给水平来缓解家庭照料者的负担已是现实所趋。

（二）可及的养老服务机构和设施

关于养老服务机构的覆盖和使用现状是了解服务提供情况的重要信息。城市与农村养老服务机构或设施存在显著差异。养老院、托老所等是为老年人提供社会化照料服务的主要机构和场所。相比较而言，我国社区医院、医疗服务站等医疗机构的覆盖率比较高。另外，满足老年人精神文化、文娱健身、社会参与需求的各类场所和设施在城乡之间也有很大差别。其中，城市的健身场地与公园、老年活动室覆盖率远高于农村，说明农村老年人的身体与精神文化生活方面的设施还需加强建设才能缩小城乡差距。

（三）社区医疗机构服务提供情况

社区医疗机构是为老年人提供医疗和康复护理服务的基础。我国农村老年人对上门护理、上门看病、康复治疗的需求率分别是城市老年人的两倍左右。进一步结合老年人在过去一年中的使用情况来看，他们对这些服务的总体使用率偏低，但农村老年人上门护理与上门看病的使用率高于城市老年人，康复治疗的使用率城乡一致，对于这三项服务的满意度，农村老年人对上门护理与上门看病的满意比例高于城市老年人，而城市老年人对康复护理的满意比例高于农村老年人。我国老年人对于社区医疗中的上门护理、看病等服务获得程度还很低，远低于老年人的需求程度。因此，一方面既要注重规模建设并提高老年人的可获得性；另一方面还应当注重服务对于老年人的实用性和针对性，提高服务使用满意度，使社区医疗服务真正能够在老年人的照料护理中发挥有效作用。

（四）社会养老服务的使用状况与购买意愿

对于基本的社会养老服务项目，从目前老年人的使用情况来看城市老年人使用率较高的是上门探访、上门做家务、老年人服务热线，而农村老年人使用率较高的是上门探访，其他项目如老年饭桌或送饭、陪同看病等的使用率均很低。特别值得注意的是，陪同看病服务在农村和城市老年人中的需求比例都很高，但使用比例均较低，说明一些服务的提供与老年人的需求之间还存在很大的差距。进一步从老年人愿意花钱购买服务的意愿来看，老年人对各项服务均存在一定比例的购买意愿，尤其对于上门做家务、陪同看病、老年饭桌、法律援助等服务，老年人付费服务的意愿均高于目前的使用率。

二、作为照料提供者的价值和贡献

（一）劳动参与

在传统观念中，老年人常常扮演被照顾者的角色，是需要赡养、照顾和帮助的对象。但现实却是除了一部分健康或经济状况不佳的老人确实需要得到他人的帮助外，很多老年人依然在以多种多样的形式做出贡献，他们是社会和家庭发展过程中不可忽视的重要资源。老年人的老有所为活动主要指那些能够以经济价值量化的活动，主要包括就业、照顾他人、志愿服务、教育和能力提升，各种非正式的帮助他人、民主参与或政治参与、持续学习、自己能尽力而为的活动；如室内活动、房子维修、自我照顾都是老有所为活动，而对于中国老年人更集中地体现为劳动就业、照顾他人、志愿服务、教育和能力提升。结合农村老年人的特点，其老有所为活动主要以劳动就业、照顾他人为主。

在实行新型农村养老保险制度以前，绝大多数农村老年人没有可靠的退休金或养老金，继续劳动是获得经济保障主要途径，这是农村老年人在业率长期远高于城市老人的主要动因。一般来说，农村老年人是否继续从事生产劳动主要受人口因素、经济因素、家庭因素的影响作用。在人口因素中，对于城乡中国老年人经济行为的研究发现，中国农村老年人的年龄与劳动参与成负相关，年长的老年人比年轻的老年人的劳动参与率低，男性老年人比女性老年人较倾向于持续劳动，身体状况不佳的老年人工作的可能性较低。在经济因素中，由于农村老年人的其他收入来源途径和水平都有限，养老金、财产性收入在他们的收入来源中份额不大，除了家庭成员供养外，继续劳动成为很多农村老人的必然选择。

此外，子女也是影响农村老年人劳动参与的重要因素。除了子女数量越多，老年人参与劳动的可能性越小外，有研究发现中国农村老年人与已婚子女共同居住的老年人较不倾向于参与劳动，而且子女的经济支持与劳动参与成负相关。20世纪00年代以来，随着中国农村中青壮年劳动力大量到城市打工，中青年一代作为主要农业劳动生产力，其外流会导致农业劳动力数量的减少，老年人必然成为农村中的主要劳动力，他们在生产劳动方面的负担大大加重。在一些有大量外出人口的农村地区，主要农业生产者的角色实际上由过去的中青年男性转变为老人和妇女。对于年老体衰的老人来说，承担沉重的农业劳动是一个很大的压力。

（二）隔代家庭与祖父母照料者

四十多年前，西方的家庭主义者开始注意到家庭形式的变化问题，认为虽然由父亲、母亲和未成年子女组成的核心家庭是后现代家庭的主要形式，但家庭形式必将更自由、更多元化。隔代家庭、独居家庭、空巢家庭、单亲家庭、由同性组成的家庭等将日益凸显。在这些家庭形式中，隔代家庭由于对老年一代和青少年、儿童一代都产生影响而备受关注。事实上，隔代家庭只是祖父母照顾孙子女的一种集中体现，在现实中由祖父母部分或完全照顾孙子女的行为大量存在。

照顾孙子女是一种体现老年人价值和作用的重要方式。从世界范围来看，在传统社会中，祖父母特别是扩展家庭中的祖父母拥有较高的地位，在抚养未成年人等主要家庭功能中做出了重要贡献，即使是在现代社会中，在一些传统文化为主导的地区，祖父母在家庭中的这些特点依然鲜明。我国老年人照顾孙子女的情况非常普遍，在社会迅速转型的背景下随着频繁的人口流动迁移、老年父母与子女之间的居住分离、女性劳动就业比例的提高等，在很多家庭中照顾未成年孩子的职责往往由祖父母完全或部分承担。在农村，大规模中青年劳动力由乡到城的流动强化了农村中祖父母照顾儿童的角色和作用；在城市地区，大量的妇女参与社会劳动，结构性的制约及社会支持的不足增加了工作与家庭之间的矛盾，使来自祖父母的帮助越发重要。

随着现代社会组织机构和社会福利制度的完善,家庭中祖父母作为照顾者的角色本应随之弱化甚至消失,但现代生产方式、生活方式、文化观念等的转变也使得家庭中中青年一代在承担育幼和养老的角色方面不可避免地面临弱化的趋势,使得老年人在帮助照顾孙辈方面仍然有其突出的价值。对于家庭来说,这种照顾行为在经济上节约了雇用相应劳动力的费用,大大节省家庭在未成年人照料方面的开支,缓解了中青年一代在照顾孩子方面的压力,解决家庭后顾之忧,使他们有更多的时间和精力投入工作中,有助于提高中青年劳动力特别是女性劳动力的就业和劳动参与,从而提高家庭的经济收益。对于社会来说,由祖父母来照顾孙子女能够充分利用老年人的人力资源,有助于节约社会用于未成年人特别是婴幼儿、低龄儿童的人力物力等各方面的投入,节约了大量的照顾和教育资本。

虽然同样是照顾孙子女,但与孙子女同吃同住的老人通常要比祖孙两代分开居住的老人承担更多的照顾责任。仅由祖父母和孙子女组成的隔代家庭是一种十分独特的家庭类型。在隔代家庭中,由于中青年父母一代的缺失而使得祖父母成为照管孙辈的主导角色。隔代家庭中的祖父母不但要负责照顾孙子女的日常生活,还承担着其教育的重要职责,在经济、时间、精力上都需要巨大的付出,隔代家庭中的老年人应当得到更多的关注。我国两亿多流动人口的主体是15—40岁的农村青壮年劳动力。由于户籍限制,这些流动人口的子女很难在城市获得稳定可靠的教育和医疗等公共服务和福利,而流动人口工作、居住的不稳定性也使他们中的很多人不得不把子女留在农村老家,因此,农村劳动力的外流造成了许多农村孩子短期或长期失去了直接监护人,造成农村中祖父母照顾孙子女的行为非常普遍,这些老年人所面临的照顾责任和负担也比城市老年人更重。如果照顾责任主要由祖父母承担则可能会对老年人的身体造成压力。留守在农村的老年人通过照顾孙子女为成年子女的迁移流动付出了代价和成本,并由此面临着经济、健康、劳动等多重压力,所以关爱农村隔代家庭、留守家庭中的老年人,给他们提供必要的支持和帮助,是体现代际公平、解决农村老年人现实困难的迫切要求。

三、从角色变迁看农村老年人家庭支持策略

照顾者与被照顾者的角色通常不会同时鲜明地体现在同一个体中,但如

果从群体的视角,则农村老年群体的两种角色均很突出。

对于处于健康弱势的农村老年群体来说,对照料的现实需求或潜在需求的可能性很高,能否得到照料以及照料质量如何是影响老年人生活质量的重要因素。总的来说,影响老年人照料资源的因素主要有:第一,人口学因素(包括子女数量、婚姻状况、居住方式等);第二,经济因素(包括宏观社会经济因素、微观家庭经济因素以及老年人个人经济因素等);第三,文化、制度因素(包括相关政策安排、人们的观念等)。基于以上三个基本判断,城镇化会对老年人照料的获得产生如下影响:与传统的照料相比,生育水平下降、城镇化使能够照料农村父母的子女数量减少。我国农村地区的独生子女户,加之子女的大量外流更使得老年人户居方式向单身化、夫妻化、隔代化趋势发展,家庭照料关系中提供者与接受者空间上的分离大大增加了老年人照料难度。但老年人照料体系不仅依赖于家庭照料网络,还必须依赖社会网络。尽管从调查结果来看现有的农村社会照料服务资源有效供给远远不足,表现为例如农村的托老所、日间照料中心、养/敬老院拥有程度低,精神文化生活方面的服务设施、组织也很匮乏,老年人所获得的某些社区医疗服务与其需求之间的差距尤其大,但加快、加强农村社会照料体系建设不但有其必要性,更有其合理性和可行性。微观上子女外流改善了农村家庭经济,可间接弥补子女直接照料功能的不足;宏观上劳动力外流对宏观社会经济的贡献有助于社会为农村老年人提供照料的网络构建。

很多长者不但通过继续从事生产劳动尽量保持经济独立,还为家庭成员提供照料孙辈等支持。根据家庭利益最大化原则,在我国家庭内部,各代人之间的利益紧密关联,甚至会为家庭成员自己利益受损,产生"利他"的行为。家庭利益最大化原则是指导家庭成员责任分工的重要原则。子女的迁移流动行为取决于他们和父母等家庭成员的共同决策,只有当迁移流动在总体上有助于提高家庭成员的福利时迁移流动才会发生;而在成年子女外出后,遗留的若干事务则由留守的老人等来承担,如照看孙子女、农业劳动,等等。本章的研究也表明,农村老人对外出子女在照看孙子女、干农活儿、做家务方面的帮助要远高于对未外出子女的帮助。尽管老年父母为子女外出付出了劳动、时间、精力甚至经济代价,但考虑到迁移行为有利于增进家庭经济收益,有助于子女一代、孙子女一代的发展,因而很多农村留守老人依然甘于付出。成年子女离开农村到城市工作、老年父母留在农村看管余留事务的方式是能够使家庭成员总体利益最大化的方案。因此只要存在着城乡劳动力收入和就业机会的差距，劳动力由农村向城镇的转移就将持续存在，各种农村留守人口问题也将较长时期地存在。

鉴于对农村家庭变迁与老年群体双重角色的认识，以家庭为核心实施家庭支持策略有助于农村老龄问题的应对。包括在养老服务体系建设中不仅要注重规模建设和推进服务的均等化程度，还应重视老年人家庭照料服务的供需对接，从重视老年人个体的需求转向家庭的需求，社区养老服务着重于弥补家庭照料功能的不足。因此，为照料老年人的家庭成员提供经济补贴、"喘息服务"、精神关怀才能使有限的家庭照料资源可持续发展。

在社会保障体系和养老育幼功能尚不够健全的前提下，农村隔代家庭老年人承担照料孙辈主要职责的情况还将大量存在，这有助于弥补社会和家庭育幼功能的不足，也是城镇化进程中的一种成本和代价。如何使老年人继续乐于扮演照顾者角色的同时获得必要的支持是维系家庭照料良性发展的一个重点。推动老年人参与家庭和社会发展是我国积极应对人口老龄化的必然选择，要发挥老年人的正能量，做出新贡献，这既有助于家庭与社会和谐发展，也有利于老年人的身心健康和价值实现。

但长期以来，在我国被照顾者受到关注，而提供照顾的人却常常被忽略，大量的老年照顾提供者未能得到必要的经济补助和各种支持。要使老年照顾者能够持续地照料家人同时又不因为照顾产生压力，需要家庭成员、社区和社会各领域的人士通过各种政策、项目来支持和关心他们。目前已经有一些国家针对老年照顾者开展了卓有成效的政策和项目，这些经济补贴、"喘息服务"、员工支持等政策和项目对照顾家人的老人发挥了重要作用。中国迫切需要决策者、研究者、老龄工作者等设计更有效的政策和项目来支持老年照顾者。必要的社会支持才能巩固和维系老年人在家庭中的重要作用，这不但能够体现老年人的自我价值、实现老有所为，对于社会来说也能更好地利用老年人力资源，应对人口老龄化带来的劳动力资源缩水，缓解老年赡养负担。

第五章 居家养老的发展出路与社会工作

第一节 居家养老的发展出路

一、资源整合与多元投入相结合

居家养老的需求是多方面的，从衣食住行、文化娱乐、精神慰藉、医疗保健，到老年人用品的供给，居家养老服务是一个巨大的市场。按照市场经济理论，有需求就有市场，有市场就有商机，有商机就有供给，然而实际情况却是大多数城市的居家养老都存在供给不足的问题。为什么居家养老服务商机难觅？这是因为目前我国居家养老服务主要是政府提供（无偿）或者政府购买社会组织的服务（低偿）。这种运作模式意味着老年人服务领域尚未步入市场运作的轨道。社区老年人本来就是低收入群体，政府为他们提供的服务更多体现的是社区养老服务的一种担当和责任，为了节省人工成本，社区主要雇用"4050"下岗职工，或者通过各种方式，号召居民组成志愿者服务队伍，为社区老人提供服务。近年来，虽然政府投入连年增加，但相对于老龄化社会的巨大需求来说仍是杯水车薪。长远来看，政府包办社区居家养老很不现实，但政府可以整合社区资源，同时出台相关政策，发挥市场在资源配置中的主导作用，这样才能保障社区居家养老服务不断提质增效。居家养老服务应建立多元化的投入机制，引进社会资本进入养老服务产业。居家养老服务机构应运用市场机制，实行产业化经营，充分发挥市场在养老服务资源配置中的主导作用，使居家养老服务的需求与供给总量在动态中保持总量相对平衡。

二、政府主导与主体多元相结合

对于社区居家养老,应采用政府主导、主体多元的经营模式。随着养老服务需求群体的扩大及养老服务内容的扩充,作为单一服务供给主体的政府已无法满足需求。因此,政府需要在不断拓展其供给能力的同时,鼓励社会力量参与供给养老服务,充分发挥公共服务供给模式在养老服务供给中的理念创新与合作优势,借助多元化的社会力量,打造市场主体、非政府组织、家庭、个人共同参与的养老服务供给体系。在实际操作环节中,构建差异化养老服务供给模式。该模式包括政企联合共建型和政府主导微利型这两种类型。政企联合共建模式是由政府给予部分土地、房产的补贴,社会资本配套入股资金。老年人个人支付照料费用,在护理保险额外的部分,可选择商业保险进行补充。养老机构运营坚持市场规律定价,政府辅助调节。政府主导微利模式是政府全权负责土地、房产的建设成本。老年人自主选择并购买社区居家养老服务包,政府按人头进行补贴。社区居家养老中心提供的养老服务包坚持政府定价为主的收费机制,而非市场驱动,保证养老服务供给的公共属性。因为在社区居家养老模式中,如果没有政府的支持,以非营利组织为主体的社会力量很难持续下去。可见,政府制定和出台优惠政策对培育社区居家养老服务市场至关重要。

三、凝聚共识与协同作用相结合

大力培育养老服务类社会组织,吸引有一定影响力的社会工作机构、文旅教育、社区服务、家政服务、信息服务、现代物流、物业管理等企业和其他社会组织加盟,为老年人提供紧急呼叫、家政预约、健康咨询、物品代购、旅游研学、文化体育、服务缴费等服务项目。积极拓展领域、提高品质,满足老年人品质更高、种类更多、文化内涵更丰富、情感共鸣更深刻的个性化养老需求。进一步通过融合线上线下、大数据,为居家老年人提供精准化服务。开通12340养老服务专线,建立老年人数据库,开发"居家养老"ADD软件,实现即时定位、快速匹配和方案优选,达到配置资源最优、服务时间最短、综合效益最大。

四、行政监督与社会监督相结合

在政府主导或政府购买居家养老服务中，会出现由于存在政府利益优于公共利益导致监督失灵，居家养老服务机构目标错位、监督能力不足导致监督意愿不强，服务使用者的弱势地位导致监督不足，信息的不透明性导致次要利益相关者监督越位或缺位等一系列现象。监督失灵会造成养老资源的浪费、恶化养老供需结构性矛盾、滋生腐败、损害老年人的基本合法权益、削弱政府合法性以及偏离公共价值等问题，我们必须矫正购买养老服务中的监督失灵现象，具体可以从立法、行政执法、社会监督等方面着手，进行全方位、综合性的监督。因此，应做好以下几个方面的工作：第一，要加强立法监督制度建设，提高立法层次和制定配套性措施。第二，提高政府行政监督能力。明确政府责任，转变监管理念。建立独立的居家养老服务监督机构。健全监督资金和人才保障机制，降低基层政府的监督成本。创新和丰富监管形式，提高电话访问、入户走访的监督频率，加强政府监督力度；完善居家养老服务行业信用管理机制，并施以健全的配套奖惩政策，提高监管的效率。将居家养老服务监管工作纳入部门官员绩效考核，对监管不严、不作为的官员实行严格的责任追究。第三，完善评估与监督相配套的机制。建立科学的绩效评估体系。健全以评估结果为依据的配套性监管制度。要及时将评估时间、评估程序、评估机构及人员等评估信息及评估结果详情向社会公布，自觉接受社会公众监督。第四，开拓社会监督路径。培育专业的第三方评估机构，畅通老年人监督表达渠道。政府相关部门及居家养老服务机构要提高信息公开程度，定期开展政府机关、居家养老服务机构、老人代表、居家养老服务协会等利益相关者共同组成的联席会议，让各方利益相关者参与居家养老服务监督规则制定、评估与监督活动中。

五、自下而上与菜单服务相结合

一是按照年龄提供"菜单式"社区养老服务。在掌握社区居家老年人基本信息和社区资源供给量的基础下，根据年龄划分老年人群体，从满足不同年龄老年人最迫切的需求出发，稳步有序地推进社区居家养老服务。为各年龄层次的老年人提供必备项目、一般项目和选择项目三个层面的社区居家养老服务项目，满足老年人个性化需求。二是依据年龄确定社区居家中生活照料服务供给顺序。优先为高龄老年人提供紧急救助、助急和助餐等生活照料类服务。中低龄老年人享受紧急救助、助急和助餐等生活照料类服务需申请并经过经济调查、健康状况调查和自理能力等级评定，达到一定标准方可享受生活照料服务。三是基于年龄构建"自下而上"的服务供给决策模式。社区居家养老服务属于准公共服务，服务供给要充分考虑老年人需求。从政府主导的"自上而下"社区居家养老服务供给决策模式转向社区老年人"自下而上"需求导向的服务供给决策模式。在政府购买社区居家养老服务、评估社区居家养老服务质量时，应对各项社区居家养老服务项目进行调研、计算和论证，为老年人提供精准服务，实现社区养老资源利用率最大化。

六、专业人才与提高报酬相结合

居家养老服务领域普遍存在养老服务从业人员数量不足、专业护理知识匮乏、人员素质较低等诸多问题，导致养老服务产业发展停滞不前。在现阶段中国制造业过剩、服务产业发展不足的情况下，大力培养居家养老服务人才，既能助推服务性产业的发展，又能够解决就业，可谓"一箭双雕"。因此，可采取以下措施助推居家养老服务的发展：一是鼓励各级社会化培训机构，开展面向社区居家养老服务的各类专业人员的培训，包括专业护理员、营养师、心理咨询师、社会工作者、社区志愿者等专业服务人员。同时，政府可通过发放特殊岗位补贴、提高最低收入标准、宣传居家养老服务等多种方式，逐步加强养老服务队伍建设。二是政府可与养老企业联合出资，建立专门针对老年人护理工作的培训机构，开设免费的护理技能培训班，通过考试授予合格证书，吸引下岗职工、无业人员及在岗护理人员参加培训，不断增强护理知识，提升护理操作技能，达到增加就业岗位与提供合格护理员的双重目标。三是支持高校与中等职业学校增设养老服务相关专业和课程来扩大人才培养规模，培养专业化人才，提高养老服务质量以及产业管理水平。四是加强志愿者服务团队建设，促进志愿者和社会工作者队伍的融合，形成一支专业技术人员和志愿者服务团队有机结合的养老服务队伍。

另外，居家养老服务人员的待遇过低也是影响居家养老服务质量和居家养老产业发展的重要原因。实现专业化的社区服务人员无疑是我国老年事业发展过程中最重要的人才智力保障。政府应当促进社区居家养老事业的发展，投入专项经费，对自愿参与的人员（包括老年人的子女）进行资格培训，培训的内容包括医学护理常识、生理和心理常识、家政和药学常识等，并提高服务人员的待遇水平。日本采用的"介户制度"可以作为我们参照的对象。"介户制度"是由政府出资对拿到资格证书的"介户员"由户籍所在地区役所登记造册，提供上岗岗位，"介户员"的报酬也较高，这有力地保证了高素质服务人员的供给。只有重视专业人才的培养，才可能满足老年人的现实需求，才可能提高老年人享受服务的满意度。

七、加大宣传与提高参与相结合

社区居家养老是近年来产生的一种新生事物，潜在市场很大，但实际的市场并不是很大，主要是很多老年人没有参与社区居家养老，也对居家养老这一模式了解甚少。保证老年人的参与率是实现其稳定持久发展的必要条件。没有老年人的参与，居家养老服务的针对性就不强，效率就很难提高，也很难形成市场化运作。目前，各地的居家养老以政府补贴为主，自费参与的老人相对较少。因此，政府要加大社区居家养老服务的宣传力度，可以采用"人头补贴"的方式，使更多的老年人了解社区居家养老的便利性等特点，从老年人自身需求的角度提供相关服务，提高社区居家养老服务的针对性和效率，实现各方资源的整合。

第二节 社会工作的角色扮演

国家养老目标是"0073"，即00%的老年人居家养老；7%的老年人在社区养老；3%的老年人在机构养老，可见居家养老得民心顺民意。在居家养老模式中，最缺的是专业人才的陪伴，而发展社会组织，引导社会工作者和志愿者队伍服务居家养老，是一条有经验可循且值得探索的路子，希望政府能大力发展社会组织，整合社会资源，发展养老事业。

一、居家养老服务中专业人才的缺失

(一)居家养老服务缺乏专业性

从上海市的居家养老实践可知,居家养老的社区服务人员主要是从"4050"项目中挑选出来的,他们文化水平普遍不高,并且没有专业的相关技能。虽然在提供上门服务或日托所服务之前接受过培训,但是仅限于简单的培训家政服务和护理服务。对于老年人更高层次的精神需求、情感需求、医疗保健等服务需求,目前的服务人员基本很难提供专业的服务。居家养老机构虽然也有社会各行各业的志愿者,但是这些志愿者还没有形成正规化运营,主要是以组织活动的形式参与社区居家养老,难以为老人们提供长久、持续的专业性服务。

目前,我国对居家养老服务的需求大于供给,居家养老服务实际上是与解决下岗再就业问题联系起来的,例如,上海市对下岗人员进行培训,让其在养老护理员的岗位上实现再就业。但是,经过培训的下岗职工也难以提供像社会工作者、护理人员等专业人士的专业服务和情绪支持,也不能像专业社会工作一样运用个案管理的理念提供个性化的服务。因此,缺乏良好专业背景、缺乏丰富老年工作经验的专业人士让居家养老所提供的服务,与纯市场运作的家政服务公司提供的服务难以区分。

(二)居家养老服务中社会工作的缺失

目前,国内很多高校开设了社会工作专业,大学生们在学校学习了专门的社会工作专业知识,每年也有大批的社会工作专业的学生走向社会。但是,由于当前我国对居家养老服务人员的定位不高,把这一行业的工作主要交给文化水平较低和没有专业技能的人去做,所以社会工作专业毕业的大学生较少来居家养老机构工作。在这一方面,我们应该借鉴有些地区的经验。在某些地区有成熟的民间机构,某些特区政府制定了系统的规划并且配备了专业的社会工作和养老服务人员。在内地,从事居家养老的服务人员很多都没有学历也没有技能,目的就是生存赚钱。在某些地区,养老服务人员的地位是被广泛认可的,地位和坐在办公室里工作的白领一样,收入基本都在万元以上,社会认同度比较高,并不存在职业歧视。与此同时,在我国香港地区的大学中，大学生们学习专业的社会工作知识，毕业后基本上都会从事与专业相关的工作。那么，如何让更多的接受过专业训练的年轻人加入社会服务人员的队列，提高我国的居家养老水平，值得我们深思与探讨。

（三）亟须培育大量专业优质人才

政府补贴性质的居家养老服务对象主要是失独老人、空巢老人等困难老人。相较于普通老人，这些老人的养老需求更加多样化，除了基本的经济需求和日常生活照料、专业护理等方面的需求外，因其失去了子女或者子女不在身边，在心理和情感上承受着巨大的压力，还需要情感陪护，帮助其更好地安度晚年。因此，在居家养老工作中，需要大量高素质、专业、优秀的服务人员作为基础保障。但研究发现，许多社区工作人员由于本身工作繁忙，加之并未接受过专业、系统的训练，也缺乏专业医疗保健等技能，极大地影响了居家养老服务工作的高效开展。这表明，要提高居家养老的质量，就需要加大对专业社会工作人才的培育和引进力度。政府相关部门可以通过对现有各项优势资源进行优化整合，抽选专业优秀的社区医院医护工作人员、物业人员，对其进行专业的培训，有效扩充服务团队，提高其综合素养与居家养老服务能力。另外，各社区还需要充分结合自身实际情况，主动从外界引进更多专业社会工作人才，以便可以为更深入地落实居家养老工作提供坚实的人才支持。不管是从国外成功的经验来看，还是从我国居家养老服务能否达到较好的社会效益来考量，大规模地引入具备社会工作专业背景尤其是社区社会工作技巧的社会工作者参与其中，是带动居家养老服务较快走向专业化的最佳选择。

（四）社会工作介入的紧迫性

我国许多城市都推行了社区居家养老服务，通过政府购买服务机制，帮助"三无"老年人和困难老年人等解决养老问题，取得了一些成绩，但是也存在较多问题。这其中最重要的问题是，社区居家养老服务水平整体上处于较低层次，人员业务素质较低，专业化水平不高，老年人的医疗保健、精神需求、情感需求得不到充分满足。针对目前居家养老服务的现状，专业社会工作者将能很好地弥补这一不足。社会工作是一种专业性的、以助人为乐为宗旨的职业，它以遇到特殊困难、陷入困境进而影响正常生活的人群为服务对象，坚持"助人自助"的价值观，运用包括个案工作、小组工作、社区工作等专业理论和方法，帮助他们走出困境，过上正常的生活；社会工作者同时协调社会关系，维持社会秩序，预防和解决社会问题，促进社会和谐与社会公正。从居家养老的实践来看，服务人员的服务水平低层次发展是其面临的最主要问题，而社会工作者正好能够发挥其"以人为本"的人文关怀和专业服务，提高居家养老服务的质量。

二、社会工作介入居家养老的优势

（一）社会工作介入的必要性

社会工作介入居家养老服务是由其专业的伦理准则和它的社会功能决定的，社会工作者可以运用社会工作价值理念和方法为老年人提供直接或间接服务，扮演多重角色，调动和整合社会资源。目前，很多地区已经由当地政府牵头或由社会力量出资，不断发展扩充社区居家养老服务，然而，由于服务提供者多为临时聘用人员，未经过专项培训，不具备专业技能，因而整体服务质量偏低，远不能满足社区老年人群体日益增加及多元化的需求。经由系统的专业理论和完整的伦理准则指导的社会工作者专业化水平高、业务能力强，能通过运用个案工作、小组工作或社区工作的方法更好地介入社区居家养老服务，弥补现有的不足。

（二）社会工作介入的可行性

近几年，社会工作制度的创新已经初步完成，并相继建立起社区工作服务、民办社会工作服务机构、政府购买社会工作服务、社会工作职业水平评价等多种专项服务制度。例如，采取有效措施搭建社会工作人才就业平台，同时与相关机构和单位进行协调，为了鼓励社会工作人员的入职积极性，在工资待遇、录用机遇等方面给予一定的政策补助和倾斜，尽最大努力为社会工作专业人才创造良好条件，以期能够进一步促进社会工作的健康发展。因此，目前是社会工作介入居家养老的大好时机。

(三)社会工作介入的专业优势

社会工作介入居家养老服务,既是社会工作专业发展的必然要求,又是提升居家养老服务专业化水平的必然要求。目前,从事居家养老服务的从业人员多数并不掌握专业价值理念和专业方法,影响了居家养老服务的质量和效果。社会工作介入居家养老服务,具有专业化优势。

首先,专业社会工作人才接受过社会工作的综合知识,包括:一是相关学科的知识,涉及社会学、心理学、法学、人类学、教育学、医学等学科;二是社会工作的知识,包含社会福利制度、人类行为与社会环境、个案工作、小组工作、社会政策等领域;三是特定主题的知识,涉及贫困、家庭暴力、与年龄段有关的问题、人际关系、精神健康等议题。一套完整的知识系统,使得社会工作者在实践中有能力依据老人不同的情况,为老人提供精确有效的服务。例如,帮助独居老年人融入社区,为空巢老年人提供精神慰藉等。而这些服务都是传统养老服务的提供者难以达到的。

其次,社会工作专业性的助人技巧。社会工作者的助人技巧体现在个案工作、小组工作等工作方法之中。例如,个案工作中会谈的技巧、倾听的技巧,小组工作中观察的技巧、参与的技巧、小组控制的技巧等,这一系列专业的助人技巧可以让社会工作者与老人建立良好的专业关系,只有当老年人信任社会工作者时,社会工作者才能更好地为老人提供服务,实现老年人的利益最大化。

再次,社会工作针对老年群体的理论指导。社会工作者要应对老年人的各种问题,除了需要具备专业的知识和技巧外,还需要掌握一些专门用于老年人的方法和理论。比较有代表性的包括认知行为治疗法、验证疗法、回忆往事等。认知行为疗法主要针对患有抑郁症和焦虑症的老年人,通过准备、合作识别、改变和巩固四个阶段,帮助老年人处理各种情绪问题。验证疗法主要针对阿尔茨海默病病人,通过尽力保持与患阿尔茨海默病的老人的沟通,接受老年人的一些"叛逆"行为。回忆往事对于老年人的抑郁症、自尊和社会化有积极的作用,社会工作者通过鼓励老年人回忆过去愉快的事,帮助改善老年人当下的不良情绪。

最后,老年社会工作者秉持专业的"为老服务"价值伦理。老年社会工作理念是以老年人为本，倡导尊重老年人，提倡以人道、平等、公正的原则善待每一位老年人；提供老年人必要的资源和服务以满足其基本需要；强调重视老年人自我改变、不断进步的无限潜能；赋予老年人权利，尊重老年人的自我决定权，不能越俎代庖、代替老年人做决定；尊重老年人的隐私权，为老年人保密；承认并尊重老年人独特的个性和需求，为老年人提供适当的个性化服务；老年社会工作者要开发老年人潜能，同时呼吁为老年人提供发挥潜能和贡献社会的机遇与平台。

（四）社会工作的专业技术方法

专业社会工作方法主要包括个案工作方法、小组工作方法和社区工作方法，这些工作方法都是居家养老服务中可以普遍运用的专业工作方法，并能在实践中发挥重要作用。在居家养老服务中，针对满足老年人的特殊需要和解决老年人的个性化问题，运用个案社会工作方法可以收到较好的效果，卓有成效地为有心理、情绪、行为问题的老年人提供咨询辅导服务。例如，在老年人遭受突发性重大打击或突然发现身患重大疾病时，容易出现精神紧张、惶恐不安等心理反应，严重时往往会出现轻生行为。对此，可以运用个案社会工作的危机介入专业方法指导其理顺情绪，改变认知，坚定生存信念。在居家养老服务中，针对遇到特征相同问题的老年人，运用小组社会工作方法可以发挥重要作用，从而解决老年人社会参与、心理困扰、精神慰藉等方面的问题。适宜老年人的小组社会工作有很多，譬如，可以通过沟通互助小组，让老人们在一起畅谈内心的快乐和感受，帮助组内成员排解不良情绪，舒缓心理压力。在居家养老服务中，充分运用社区资源预防和解决老年人衣食住行的实际问题，鼓励老年人参与社区活动，增进老年人与社区之间的密切联系，培养老年人之间的互助精神，采取社区社会工作方法可以达到理想的效果。社区社会工作是一种宏观层面的社会工作方法。例如，在居家养老服务中，可以开展对社区居民进行尊老、爱老、敬老、孝老的宣传教育，倡导子女要尽量多花时间陪护照顾父母，也可以运用社区工作的专业方法，鼓励老年人充分挖掘潜能、发挥余热，积极参与社区事务，帮助老人建立并扩大社区支持网络。

三、社会工作在居家养老中的角色扮演

（一）发挥倡导者的角色

社会工作者可以扮演倡导者的角色，强调以社区为介入点，重视老年人与社区间的关系，通过发掘老年人的潜力，提高其生活质量。社会工作者可以充分利用社区的正式资源和非正式资源，保障老年人的物质生活，丰富老年人的精神生活。例如，通过"以老扶老"行动，倡导居住在社区附近，退休后有空闲、身体健康的低龄老年人成为居家养老服务的志愿者，为社区中经济贫困的空巢老年人提供日常生活照料。"以老扶老"活动不仅可以让高龄老年人感受到关心与被爱，也可以丰富低龄老年人的空余生活，让低龄老年人在助人过程中获得满足感和成就感。

（二）发挥支持者的角色

由于生理功能的退化、社会角色的改变以及社会地位的下降，老年人特别容易存在社会隔离风险，进而影响身心健康。社会工作助人自助的原则要求社会工作者在提供直接服务的基础上，更要创造条件使老年人自立和自我发展。增强老年人权是老年社会工作者支持者角色的重要职责。社会工作者可以鼓励老年人充分发挥自身潜能和作用，加强老年人与社区的联系，多参与社区事务和社区活动。例如，在社区活动中心、日间照料中心等，举办适合老年人需求的活动；成立老年人协会或社团，让老年人发挥自身特长，如唱歌、跳舞、手工；发展和培养老年志愿者，参加社区内一些义务活动，让老年人加深对社区的归属感，并使他们被尊重和有能力参与，如协助维持社区治安、争取社会资源。

（三）发挥提供者的角色

社会工作者作为服务提供者，是在充分了解老年人需要的基础上为老年人提供服务的，既包括提供物质帮助，也包括提供心理辅导，还包括提供政策信息。社会工作者可以运用专业方法帮助老年人恢复因年老而丧失的部分功能，或寻找支持服务替代丧失功能；运用专业技巧，如怀旧和生命回顾，为有需要的老年人提供心理辅导，疏导不良情绪，缓解压力；提供机会增强老年

人社会参与度,促成老年人与社会的融合;通过介入老年人的家庭关系,加强对老年人的照顾,保护老年人免受虐待;协助老年人成功应对因退休、丧亲等事件带来的危机;为老年人提供临终关怀。

在医疗护理服务方面,社会工作者可以协助社区诊所进行一些基本的医疗服务,也可以帮助收集老年人健康信息,完善社区健康信息系统。在精神文化服务方面,社会工作者可以召集老年人加入社区义工行列,通过为社区服务充实自己的老年生活,肯定人生的价值。

(四)发挥维护者的角色

老年人自身权益意识的提高是维护老年人权益的关键。社会工作者可以通过专业的方法,让老年人懂得争取更多的话语权和参与权,帮助老年人消除消极的形象,让他们重新肯定自身价值、提升权益意识。当老年人的权益受到损害时,应该给予必要的帮助,维护老年人权益。社会工作者可以通过举办一些专业讲座、座谈会等活动,进行老年人权益的宣传。此外,老年人因在社区居住时间长,在居民心中往往享有一定的威望,更容易与社区中的其他人沟通与交流。社会工作者应积极培养社区老年领袖的作用,既可以帮助社会工作者推动社区工作的开展,又可以发挥老年人的个人潜能。

(五)动员公众参与

社会工作者可以积极创新理念,整合各方资源,运用"互联网+大数据+云服务"的思维,建立公众参与平台,提高居家养老的智能化、专业化水平。可以借鉴南京市江北新区沿江街道推出公众参与平台"爱i社区",这是专为公众提供服务、增加互动联系、实施城市治理的管理平台,有助于推进多元共治,加强基层协同。同时,沿江街道"爱i社区"引导广大党员发挥先锋模范作用,增强党员教育管理针对性和有效性,引导居民自治组织、群团组织和社会组织共建互融、协同推进。复兴社区首度研发"爱社区"党建ADD,将社区的党员信息纳入其中并分层管理,党员可在ADD上了解自身得分情况,对有可能不达标的党员起到很好的提醒作用。同时,该ADD上发布形式各异的活动,社区党员可根据自己的爱好自主选择感兴趣的活动参加。沿江街道的"爱i社区"服务体系以社区为主体,以引导、支撑、创新、服务为基础,将社区内社会组织、兴趣团体、自治组织、专业人士等一切有利于社会治理的资源进行有效整合，通过数据分析、规范建设、目标活动开展等有效运营方式，努力提升社区服务的精细度、居民群众的向心力。

（六）发挥整合资源者的角色

对于一个专业社会工作来说，为了给老年人提供最好的服务，他必须详尽了解为老服务资源，明确各种资源之间的关系，使之发挥最大的作用，并针对老年人实际需要开展多样性服务。第一，整合社会养老服务资源。由于养老资源的分散会影响老年人服务资源的利用，因而社会工作者可以运用善于动员社会力量的专业优势，动员社会力量参与养老服务，如动员企事业单位、社会团体等为老年人提供人力、物力、财力等方面的支持。第二，搭建社区服务平台。社区的一个重要作用是为其他养老资源供给主体提供服务、搭建服务平台，实现社会化养老服务资源与老年人需求的对接。社会工作者根据老年人的实际养老需求，激活可以被利用的社区养老资源，如社区医疗机构、商店以及老年活动中心，然后与这些养老资源建立有效联系，在老年人需要的时候提供及时有效的服务。社会工作者通过发挥纽带作用，建立社区之间的资源共享机制，使得社区养老服务资源发挥最大效用。第三，动员发挥个人优势。可以动员个人参与养老服务，如安排志愿者为老年人提供劳务服务、心理和情绪支持、日常生活照顾等服务；动员低龄老人为高龄老人服务；重视非正式的邻里互助服务，为老年人提供临时性的、紧急性的帮助。第四，倡导政府加大对养老服务的投入，鼓励社会力量组织参与养老服务，并为社会组织参与创造公平的竞争环境，进一步完善各种社会保障政策，增进老年人的福利，提高养老服务水平。

（七）创建"社区社会工作服务站"的角色

可以建立社区社会工作服务站。借鉴吉林省辉南县东街社区社会工作站采取"社会工作+义工"的运作模式，该社会工作站聘请了多名专业社会工作者、义工、志愿者，并提出"助人助己"的服务宗旨。站内社会工作主要面向辖区的居民开展社会福利、社会救助、社会慈善、青少年服务、残障康复、医疗卫生、司法矫治等服务，开展党员结对帮扶、免费技能培训、老年人免费义诊、新时代传习所活动等，让居民获得感和幸福感不断提升。社区社会工作站在夯实社会治理基础的同时，充分发挥社区在社会生活中的桥梁纽带作用，不断与社会各界力量互联互动，积极与学校、机关单位、企事业单位、社会组织合作，并结合正在开展的"党员服务周"活动，开创"社区党工委领导、基层社区引领、社会组织参与、社会工作义工志愿者联动、法律制度保障"的社区治理和社区服务模式，推动"社区、社会组织、社会工作"三社联动，"社会工作、义工"两工互动的社区服务新格局。

第三节 社会工作与居家养老的融合发展

社会工作介入居家养老服务的主要方法是个案工作、小组工作和社区工作。

一、个案工作

个案工作是社会工作者运用专业的知识和技巧，通过会谈的方式帮助老年人解决日常生活中的心理难题，协助老年人链接需要的社会资源，为老年人提供医疗保健和健康服务等信息。在社区中，许多老年人在退休后与社会的联系便逐渐减少，同时身体各方面能力也随着年龄的增加而衰退，只能抱着消极、被动的心态去适应社会。因此，在个案工作介入居家养老中，社会工作者最主要的工作就是协助老年人认识并接受老年的状态，支持老年人参加社区活动，让老年人积极、正面地对待生活。

二、小组工作

在小组工作中，社会工作者主要发挥组织者、协调者的作用，通过开展各种小组活动，将老年人组织起来，在活动中培养他们之间的感情，在活动中帮助他们获得成就感，肯定人生的价值和意义，从而帮助老人自助。小组活动不仅可以丰富老人的精神生活，同时也让老人有机会结交到新的朋友，建立自己的互助网络，从而长久有效地帮助老人摆脱寂寞，使其晚年生活充满乐趣。例如，心连心社会工作服务中心开展的"关爱老人，让爱永恒"主题活动，社会工作者不仅带领老年人一起做游戏，并在游戏后让老人回忆活动中相识、相知、陪伴的过程。

三、社区工作

社区工作是社会工作的一种介入手法：它既是一项有计划的行动，也是一个过程，是运用集体工作的手法，鼓励居民培养自己的能力，提升他们的各种能力，培养社区成员对社区的认同感，促进社区整合，实现社会公平。社区工作人员和社会工作者根据社区的情况制定老年人活动，增加老人之间的交流机会，让他们学会互相帮助，发掘他们的潜能。

社区以节日为依托开展社区活动。由于空巢老人子女不在身边，孤寡老人缺乏家人的陪伴。在中国传统的节假日来临时，老人心理上的落差很大，更容易感到孤独。社区工作人员借助节日来为社区的老人开展活动，让他们能够感受到家人的陪伴，感受到家人带来的温暖。

在居家养老实践中，更需要行政性社会工作与专业社会工作的协同发展，即两者在居家养老服务实践中表现为协同关系，并且在协同中得到发展。专业社会工作具有体制内工作者所不具有的、不可替代的、解决问题的能力，可以在政府购买社会工作服务、社会工作机构中展现自己的优势；而行政性社会工作则需要专业社会工作配合其工作，齐心协力，发挥各自优势，共同做好居家养老工作，即在社区（居委会甚至街道办事处）、社会组织和社会工作机构三方共同协作中开展社区居家养老服务。行政性社会工作与专业社会工作的协同发展，既可以有效地利用资源，也可以提高居家养老服务专业水平，甚至可以吸收某些专业社会工作者进入政府部门、机构（社区），提高政府社会工作的效率。

参考文献

[1] 闫琳琳. 基于收入再分配的养老保险全国统筹实现路径研究 [M]. 长春：吉林人民出版社, 2021.

[2] 刘政焕. 保险与中国养老 [M]. 上海：复旦大学出版社, 2021.

[3] 边恕. 统筹城乡养老保险体系研究 [M]. 北京：人民出版社, 2021.

[4] 齐鹏. 中国城乡居民基本养老保险推进策略研究 [M]. 北京：中国社会科学出版社, 2021.

[5] 穆怀中, 陈洋. 机关事业单位"并轨"养老保险缴费适度水平及资金总供需平衡研究 [M]. 北京：经济管理出版社, 2021.

[6] 公维才. 国家社科基金丛书 农村社会养老保险制度创新研究 [M]. 北京：人民出版社, 2021.

[7] 李慧. 我国农村居民基本养老保险需求及政策研究 [M]. 北京：经济管理出版社, 2021.

[8] 孙永勇. 中国城镇职工基本养老保险改革：经济效应、制度设计与财务可持续性 [M]. 北京：人民出版社, 2021.

[9] 沈澈. 全面风险管理视角下中国城镇职工养老保险基金风险应对研究 [M]. 北京：中央民族大学出版社, 2021.

[10] 陈瑜. 消费养老创新模式一种新型全民养老保险模式 [M]. 北京：中国商业出版社, 2020.

[11] 杨斌. 中国养老保险制度政府财政责任：差异及改革 [M]. 北京：中国社会科学出版社, 2020.

[12] 高荣. 中国基本养老保险政府责任定位研究 [M]. 北京：经济管理出版社, 2020.

[13] 刘思亚. 关系嵌入性、养老保险与农户消费 [M]. 北京：经济科学出版社, 2020.

[14] 李俊. 人口老龄化背景下中国基本养老保险基金平衡问题研究 [M]. 北京：科学出版社, 2020.

[15] 孙荣. 弹性退休制度下社会养老保险精算问题研究 [M]. 成都：西南财经大学出版社, 2020.

[16] 何晖. 新型农村社会养老保险风险识别与防范研究 [M]. 北京：中国社会科学出版社, 2020.

[17] 海龙, 尹海燕. 城乡居民基本养老保险财政投入责任分担机制研究 [M]. 北京：中国财政经济出版社, 2020.

[18] 万春林等. 中国人口变动与养老金可持续性研究 [M]. 北京：中国纺织出版社有限公司, 2020.

[19] 杨玲丽. 社会工作与社区居家养老 [M]. 北京：知识产权出版社, 2020.

[20] 贾丽萍. 中国养老保障整合：历程与挑战 [M]. 北京：社会科学文献出版社, 2020.

[21] 罗娟, 汪泓. 养老保险模式与责任分担机制研究 [M]. 上海：上海交通大学出版社, 2019.

[22] 高彦. 延迟退休与中国城镇企业职工基本养老保险改革：基于世代交叠模型的研究 [M]. 北京：对外经济贸易大学出版社, 2019.

[23] 王成程. 农村社会养老保险制度的变迁 [M]. 北京：社会科学文献出版社, 2019.

[24] 穆怀中,陈曦．基础养老保险缴费率一元化及适度水平研究 [M]．北京：中国劳动社会保障出版社, 2019.

[25] 卢媛,孙娜娜．中国城乡居民养老保险制度与收支测度数量方法 [M]．北京：经济管理出版社, 2019.

[26] 刘昌平,殷宝明．社会养老保险关系转续机制研究 [M]．北京：人民出版社, 2019.

[27] 王翠琴．新型农村社会养老保险制度的可持续性评估 [M]．北京：社会科学文献出版社, 2019.

[28] 罗娟,汪泓．养老保险城乡统筹模式与路径研究 [M]．上海：上海交通大学出版社, 2019.

[29] 王建武．养老服务创新与实践 [M]．济南：山东科学技术出版社, 2019.

[30] 刘金章,王晓珊．人寿与健康保险第3版 [M]．北京：北京交通大学出版社, 2019.

[31] 邱玉慧．代际正义视角下的社会养老保险制度研究——兼中国城镇职工基本养老保险制度的实证分析 [M]．北京：东方出版社, 2018.

[32] 焦津强,石晨曦．中国基本养老保险筹资机制改革研究 [M]．北京：民主与建设出版社, 2018.

[33] 于宁．基本养老保险基金支出绩效评价：理论与实证研究——基于中国城职保的探索实践 [M]．上海：上海社会科学院出版社, 2018.

[34] 杨再贵．中国社会养老保险精算分析 [M]．北京：中国财政经济出版社, 2018.

[35] 周凤珍,武玲玲．中国社会养老保险财政负担研究 [M]．北京：中国财政经济出版社, 2018.

[36] 刘丹,宋坤,刘艳．农村养老模式与农村养老保险保障研究 [M]．成都：西南财经大学出版社, 2018.

[37] 黄敏,金春．中国财政支持养老保险支出风险及对策研究 [M]．北京：中国财政经济出版社, 2018.

[38] 曹清华．中国基本养老保险财政责任的分析与评估 [M]．北京：中国社会科学出版社, 2018.

[39] 黄宏伟．农村社会养老保险的制度效应及可持续性研究 [M]．北京：中国社会科学出版社, 2018.

[40] 黄瑞．快速老龄化背景下我国养老保险制度可持续发展对策研究 [M]．北京：经济管理出版社, 2018.